Serie Frames

01

IL CONSULENTE

Da Dubai a Wall Street:
diario di un globetrotter della finanza

Claudio Scardovi

Quondam Ebooks

Copyright © 2013 Quondam Project, Milano

Pubblicato da Quondam Ebooks
1ª Print edition | dicembre 2013
release 1.0

Quondam Ebooks è un marchio di Quondam Project

cover design | L/B

ISBN: 978-88-97728-37-5

www.quondamebooks.com
www.quondamproject.com

INDICE

Il consulente

La situazione è ormai matura per nuovi conflitti
di natura economica, geopolitica ed etnica,
mentre la competizione per le risorse
sta diventando più feroce.
Il mondo sta entrando in un'epoca
di grandi cambiamenti,
forse anche di sconvolgimenti.

VLADIMIR PUTIN, 12 dicembre 2012

Grattacieli e grandi magazzini nella sabbia: il miraggio e la realtà di una nuova fase di crescita (o bolla?) in Medio Oriente

Itsiniaàr niar chambrakam

«*Itsiniaàr!*» mi dice secco l'autista indiano, invitandomi bruscamente a uscire.

«Dove si trova Itsiniaàr?» provo a chiedergli prima in inglese e poi in arabo, pronunciando una delle tre o quattro frasi che ho appreso dall'opuscolo della Emirates, la compagnia aerea di bandiera degli Emirati Arabi Uniti. Deve avermi portato alla destinazione sbagliata; il solito problema di questa città troppo complicata, che cresce così in fretta da non dare neppure tempo ai servizi di navigazione satellitare di aggiornare le loro mappe.

«*Itsiniaàr! Iaàr! Niar chambrakam!*» continua a ripetermi l'autista, parecchio infastidito. Da fuori un filippino, vestito di giacca e pantalone color caramello, ha nel frattempo già scaricato il mio trolley e, aprendomi la portiera, m'invita a scendere, lanciandomi – letteralmente – dal gradino più alto di un'enorme Land Rover bizzarramente rivestita di pelle, nera opaca fuori come all'interno.

«*Itsiniaàr?*» chiedo al filippino con aria interrogativa. «*I need to go to...*» provo a spiegare passando all'inglese.

«*It's in here!*» mi conferma il filippino, in un inglese più comprensibile di quello dell'indiano, che (adesso comprendo) mi ha già segnalato che siamo arrivati al luogo deputato, "vicino alla Camera di Commercio" (*"near the chamber of commerce"*).

Faccio appena in tempo a prendere la valigia dal bagagliaio che l'autista dall'accento forte, tra il rumore stridente delle gomme sull'asfalto caldo, ha già dato gas, con un'accelerazione parecchio costosa – almeno 20 o 30 euro – se solo non fossimo da queste parti.

La zaffata di umidità mi coglie come una sberla. Inizio a camminare, trolley alla mano, guardandomi intorno in quel sottopasso di accesso a parcheggi di una bruttezza non comune ma imponente, illuminati a giorno anche se fuori è già buio pesto, appena le 6 di pomeriggio. Sono partito da Malpensa questa mattina alle 10 per un importante incontro di lavoro e, tra volo e fuso orario, sono appunto arrivato qui a Dubai giusto in tempo per il tè, o l'aperitivo.

I 200 metri di camminata verso l'accesso del Mall sono sufficienti a rendermi fradicio: ho la camicia bianca appiccicata alla schiena, e la giacca e i pantaloni blu già imbevuti d'umidità. Un triangolo capovolto color blu notte che si dipana dalle scapole in direzione dell'osso sacro.

Mi avventuro oltre le porte scorrevoli e sono colto dall'ondata gelida e secca dell'aria condizionata (un'escursione termica di almeno 20 gradi in pochi metri). Rabbrividisco, anche per le luci accecanti di ogni colore e per la vista delle migliaia, decine di migliaia, forse addirittura centinaia di migliaia di persone, di varia razza e colore, che si trovano a passeggiare in quell'edificio infernale.

Il Mall (o centro commerciale come lo chiameremmo in Italia) pare davvero infinito, un vero e proprio labirinto da cui sarà molto difficile uscire, una volta entrati. Scale mobili, piani che si estendono in lunghezza e altezza, centinaia di vetrine luccicanti dei prodotti delle *maisons* più note al mondo: da Gucci a Prada, da Rolex a IWC, da De Beers a Tiffany, il tempio del consumismo si è realizzato da quelle parti, in largo anticipo rispetto alla fine del mondo.

«Costruite una trappola migliore, e i topi verranno a voi» deve aver detto qualcuno in Occidente, un po' di tempo fa. E qui in Medio Oriente lo hanno fatto molto bene, non badando a spese (anche se ancora non si è capito chi sarà veramente a pagare il conto finale, visti i "buffi" – i crediti bancari non ripagati – lasciati lungo la strada, tra un'oasi e l'altra).

Cammino tra uomini orientali barbuti e panciuti (pare che il tasso di obesità di questi paesi, gli Emirati Arabi Uniti, sia il più elevato al mondo). Passeggiano vestiti interamente di bianco, indossando il *thobe*, la tunica di cotone lunga fino alle caviglie, con gemelli d'oro ai polsi, e la kefia, pure bianca, a ricoprire il capo, sistemata con il tradizionale *agal*, la doppia banda nera ripiegata a doppio cerchio su sé stessa. Vanno a piedi nudi o in sandali, nonostante la temperatura artificialmente polare. Altri, soprattutto stranieri che vestono all'occidentale, sono pieni di pacchi regalo e in compagnia di belle donne che devono aver messo a dura prova le loro carte di credito.

Procedo senza una chiara direzione, avendo perso quasi immediatamente il benché minimo senso d'orientamento, fino a ritrovarmi di fronte un campo di hockey su ghiaccio. Poi, avendo trovato indicazioni per l'uscita, cammino costeggiando un'alta e lunga parete di vetro, da cui traspare un enorme acquario a più piani, con tanto di tartarughe centenarie e colorati pesci tropicali e uno squalo martello di vari metri, con gli occhi che paiono monitorare l'intero mondo, acquifero e non, alla strabica ricerca di prede.

Mi ritrovo alla fine in un ampio spiazzo concentrico, con un albero di Natale al centro (siamo a fine novembre), di una ventina di metri almeno, luccicante e fatto interamente di cioccolatini Ferrero Rocher. E dietro questo, finalmente, l'indicazione dell'uscita verso il posto che sto cercando.

Supero le porte scorrevoli, ritrovandomi di nuovo al caldo, con l'umidità di prima che adesso mi avvolge quasi amorevolmente, dopo le sferzate di aria gelida dell'interno del Mall. Costeggio velocemente un lago artificiale molto ampio, circondato da ristoranti di ogni genere, dove l'odore del tabacco misto alla melassa del narghilè la fa da padrone. Dal lago partono giochi d'acqua impressionanti. Getti che si muovono ritmati seguendo le note di una canzone di Whitney Houston, in sottofondo.

I getti d'acqua salgono colorati per alcune decine di metri, con violenza impressionante, per poi ricadere come al rallentatore. Muoiono e ripartono in nuove direzioni, intrecciandosi, per poi riemergere a sorpresa altrove. Rallento il passo e, fermandomi per qualche secondo, guardo verso l'alto.

Datemi una gru e costruirò il mondo

Ricordo molto bene il mio primo viaggio a Dubai. Era il 2007 e il mondo (anche se si trovava già a camminare bellamente lungo il dirupo) non conosceva ancora la crisi finanziaria globale che lo avrebbe attanagliato per molti anni a seguire. In effetti, tutte le banche d'affari (e quella per cui lavoravo ai tempi tra le altre) si stavano affannando ad aprire bellissimi uffici e importanti *trading desks* da queste parti.

Avevo volato di notte da Londra, quella volta, e alloggiavo al

Jumeirah Emirates Towers Hotel, non lontano dal centro finanziario della città-regno di Dubai. La Palma (l'isola artificiale a forma di palma, con tanto di tronco e rami a raggiera, che si inoltra nel Golfo Persico dal centro di Dubai) era ancora in corso d'opera. Come pure il Mondo, una serie di isole artificiali, alla fine mai terminate, che dovevano ricreare nel minimo dettaglio la geografia del pianeta, per poi ospitare una serie di "villette" per calciatori e rockstar: «Io ho comprato il Giappone, ma il marito della mia amica si è preso l'Australia. Che ne dici se andiamo alla festa di quel magnate russo che si è fatto fare l'Africa? Pare che la sua piscina (il lago Vittoria) sia la più bella del pianeta, con tanto di cascate».

La prima cosa che avevo notato, salendo in camera al trentesimo piano o giù di lì, era stato l'incredibile numero di gru all'opera, giorno e notte, da ogni parte dell'orizzonte. Avevo anche notato la miriade di grattacieli terminati o in corso d'opera che si accalcavano fitti nel bel mezzo di... niente. Mare aperto da una parte, deserto dall'altra. Ai tempi, tutto era in costruzione nel più *posh* ("modaiolo, in voga") degli Emirati, e si diceva che il numero di gru a Dubai superasse quello di tutte le altre al mondo.

Dopo aver girato in lungo e in largo per la città con alcuni clienti, non mancando ovviamente di fare una puntata a un esclusivo club balneare nei pressi di Dubai Marina, e di visitare il Mall of the Emirates (più noto al mondo per le sue piste da sci continuamente innevate in mezzo al deserto), mi ero chiesto come si sarebbero potuti riempire tutti quegli enormi grattacieli che nascevano dal nulla, finanziati dalla presunta esistenza di ricchi giacimenti di petrolio (che in effetti, a Dubai, non ci sono) e dai molti facili crediti di banche americane ed europee (che evidentemente non lo sapevano, e si erano lasciate abbagliare dallo scintillio della ricchezza messa a volte volgarmente in mostra da quelle parti – il più classico dei miraggi del deserto).

Si diceva, ai tempi, che la creazione di un centro finanziario per il Medio Oriente, con tanto di paradiso fiscale annesso, e lo sviluppo del turismo internazionale (attirato dal consumismo estremo dei Mall così come dai tanti progetti bislacchi, tipo quello del "mondo") avrebbero rapidamente trasformato Dubai nella città più ricca di tutto il globo, agognata dai top manager e anche dalla "massa affluente" (il ceto medio occidentale) come meta per le vacanze e come luogo per vivere e lavorare. Una sorta di Bengodi.

Poi la crisi finanziaria globale era esplosa con fragore, e centinaia di progetti immobiliari erano stati modificati, rinviati o cancellati per sempre. Gli *expats* (i professionisti occidentali in carriera attirati a Dubai da ricchi lavori nella finanza e nei servizi e da tasse pari a zero) se n'erano andati velocemente come erano arrivati. E all'aeroporto di Dubai si erano accumulate centinaia, forse migliaia di auto in leasing o *full renting* che questi lanzichenecchi dell'economia globale avevano lasciato dimenticandosi di pagare (e di riconsegnare le chiavi).

Non solo le imprese private (quelle immobiliari e le banche, soprattutto) erano entrate in crisi, ma anche le stesse finanze pubbliche, tanto che per evitare il *default* dello Sceiccato "spendaccione" erano dovuti intervenire i cugini di Abu Dhabi (loro sì, ricchi veramente di giacimenti petroliferi), rifinanziando parte del suo debito pubblico (sembra una storia già sentita, anche qui in Europa).

Dopo lo scoppio della grande crisi (che per Dubai raggiunge il momento topico nel 2009-2010) non ero andato da quelle parti per un po' di anni. Poi le cose, pare, hanno ripreso ad andare per il meglio e sono quindi ripresi anche i miei pellegrinaggi in terra d'Oriente, alla ricerca di nuovi clienti (società private, ma anche istituzioni pubbliche) cui offrire servizi di consulenza strategica, finanziaria e industriale; con particolare attenzione alle banche e all'immobiliare, ovviamente.

In effetti, la scommessa della "migliore trappola per i topi" pare abbia iniziato a funzionare, penso adesso, guardando verso la vetta dei quasi 830 metri del Burj Khalifa, il grattacielo più alto del mondo, rinominato in onore dello sceicco di Abu Dhabi che, grazie al salvataggio finanziario, ne ha permesso il completamento quasi a tempo di record: circa 3 anni (il tempo che in Italia è servito probabilmente solo per mettersi d'accordo sul nome del quartiere di Porta Nuova in corso di costruzione).

Il Burj Khalifa si erge come una vertigine impossibile, a partire dal nulla del Dubai Mall, il più grande *shopping center* al mondo. La pianta dell'edificio, ispirato all'*Hymenocallis*, un fiore molto popolare e diffuso da queste parti col suo bulbo rotondo e tunicato, si sviluppa nei suoi tre elementi che si innalzano intorno al nucleo centrale. Con i petali del perigonio che si dipartono da questi, si ergono 27 terrazze in ascesa progressiva, lungo i 160 piani dello stabile e verso l'antenna finale.

«*Itsiniaàr!*» mi grida un ragazzo indiano che pare una guardia del corpo, probabilmente mandato ad accogliermi dal mio cliente. Mi indica con la mano l'ingresso privato dell'edificio impossibile.

«Certamente» rispondo, memore della lezione precedente.

«*Iniaàr! Iniaàr!*» mi ribadisce con una certa insistenza.

Salgo rapidamente con l'ascensore fino a uno degli ultimi piani dell'edificio. L'accelerazione è impressionante. In circa 40 secondi è possibile arrivare al centosessantesimo piano, appena poco sotto la base dell'ultima antenna nel cielo (pare che l'ultimo piano sia adibito a moschea).

«Vieni, voglio presentarti mio nipote» mi dice il mio ospite, appena entro nella hall degli uffici della sua società finanziaria che ha sede da quelle parti. È un uomo alto e corpulento, dotato di una circonferenza in vita importante, il viso scolpito all'attaccatura del naso e negli zigomi come se fosse stato sagomato dai venti taglienti del deserto.

Indossa la classica tunica bianca, con una penna Montblanc grossa come una salsiccia che gli spunta dalla tasca cucita in alto sul petto, e gemelli pure Montblanc, grossi come salamini affumicati ai polsi. L'orologio poi (svizzero di sicuro, ma probabilmente realizzato su misura), in oro giallo punteggiato di diamanti, è talmente grande da far sembrare un *oversize* un orologino da bambini.

Il mio grasso matrimonio arabo

Vengo introdotto in una grande stanza addobbata a sala di ricevimento, dove mi vengono offerti esotici succhi di frutta e vari tipi di (disgustosi) caffè arabi della tradizione (ovviamente niente alcol, in ossequio alla religione del posto).

Mi viene spiegato che il nipote (uno dei tanti, avendo il mio ospite una decina di mogli) sta per sposarsi. Circa 300 invitati, organizzati intorno a tavole rotonde da 10-12 persone. Realizzo in quel momento che non ci sono donne presenti (neppure la sposa: la "sua" cerimonia, più dimessa, si tiene in un luogo separato) e che sono l'unico uomo vestito all'occidentale.

Non avendo mangiato quasi nulla durante il volo, inizio a guardare con un certo interesse le tavole imbandite con ogni genere di cibo, selezionato e preparato in accordo con la religione islamica. Hummus e falafel; e poi zuppa di lenticchie e *tajine* di carne alle prugne, zuppa di fave e sfogliatine al formaggio; vari piatti di couscous e ancora *tajine* di spalla di agnello alle uvette; poi *kufta* e pollo alla frutta secca e anche fritto, e molta verdura mista, cruda, secondo la tradizione libanese.

Invitato a sedermi noto subito, con un certo ribrezzo, l'agnello glabro accovacciato al centro di ciascuna delle tavole, perfettamente intero e in posa naturale, quasi a suggerire stia ancora dormendo, cotto a vapore com'è secondo un processo lento e un rituale finalizzato a preservarne l'impressione di vita.

«Gioisci con me della felicità di mio nipote» mi dice lo sceicco, prendendo con le dita un pugno di carne macinata e spezie e portandolo direttamente alla mia bocca. Sono costretto a farmi imboccare e a deglutire in un colpo solo.

«A Dubai, non facciamo mai nulla discretamente» mi dice... e c'è da credergli! «Il silenzio è per il deserto, il rumore per la città» sorride.

Fuori, il gioco cromatico creato dallo scoppio dei fuochi artificiali illumina il cielo dei colori dell'arcobaleno, come se il Burj Khalifa fosse un enorme albero di Natale. Sono solo le 6.30 di pomeriggio, ma il cielo sarebbe altrimenti completamente buio.

«Devi fare qualcosa di impossibile, o sarai come qualsiasi altro. Dubai deve crescere ancora più magnifica e incredibile. Unica nel mondo. Questo è appena l'inizio» mi dice.

Ho già sentito parlare della Mohammed Bin Rashid City (MBRC, dal nome del regnante di Dubai e vicepresidente degli Emirati Arabi Uniti). Si tratta di un progetto che, a partire dal nuovo centro città, si dovrà sviluppare in una vera e propria metropoli, con oltre 100 hotel e un *mall* più grande di tutti quelli creati finora. Il *mall of the world* sarà circondato da un parco incredibilmente verde, più vasto di Hyde Park a Londra e di Central Park a New York, innaffiato con l'acqua ricavata dal vicino mare attraverso un costoso processo di desalinizzazione. Intorno a questa "città nella città" sorgeranno poi altri parchi giochi e città della tecnica e del sapere, dello sport, dello spettacolo e della cultura.

Ad appena 3 anni da un'esperienza di quasi bancarotta, Dubai sembra essere risorta dalle sue ceneri, pronta anzi a rilanciarsi con progetti immobiliari e infrastrutturali destinati a far dimenticare persino il Burj Khalifa (la competizione è peraltro molto intensa: in altre città del Medio Oriente, *in primis* a Riyad in Arabia Saudita, esistono già progetti per superare in altezza quest'incredibile grattacielo, ben oltre la soglia un tempo ritenuta invalicabile dei 1.000 metri).

In effetti, il tasso di crescita dell'economia, al 4-5% l'anno, è molto robusto (quasi inverosimile, per come siamo ormai abituati nella vecchia Europa). E i consumi sono in forte ripresa, mentre il tasso di occupazione degli hotel dello Sceiccato è a livelli da record, ben oltre l'80% (il mio hotel, con tanto di residence e corte araba annessa, mi pare semivuoto, e così pure le stanze illuminate nei grattacieli della ricca e residenziale Dubai Marina sembrano poche alla vista, ma forse si tratta solo di un effetto ottico, spiegabile con i numeri delle statistiche ufficiali).

Anche il mercato immobiliare (dicono sempre le statistiche ufficiali) è in ripresa. L'aneddotica questa volta pare di conforto al dato. Le prevendite di un nuovo grattacielo centrale di 63 piani con 542 appartamenti, la cui costruzione non è stata neppure terminata, sono state concluse tutte nel giro di poche ore.

Non si tratta di una nuova tempesta nel deserto o, quantomeno, non solo di quella. Dubai è in effetti molto più che una grande Disneyland (con un pizzico di Hollywood), costruita nel deserto grazie a un mare di debito bancario e a una spruzzatina, tanto per gradire, di petrolio dei cugini di Abu Dhabi.

La sua strategia di diversificazione nei servizi (dalla finanza al turismo, al commercio dei beni di lusso e di più largo consumo) è intelligentemente nata proprio in risposta alla sua relativa carenza di riserve naturali. E il suo posizionamento come città ideale del Medio Oriente in cui vivere e abitare si è rafforzato negli ultimi anni. La popolazione della città è cresciuta molto (anche a seguito della Primavera Araba, ospitando i rifugiati di altri paesi segnati dalle rivolte, dai tentativi di restaurazione e dalle guerre civili), sebbene molte altre città negli Stati del Golfo stiano provando a competere con Dubai: dalla stessa cugina ricca Abu Dhabi a Doha, capitale del ricco Qatar; da Kuwait City, capitale di un piccolo Stato tra i più armati a livello internazionale, a Riyad, capitale ricchissima situata tuttavia in mezzo al deserto e lontano dal mare, con un clima infernale e un'applicazione rigidissima delle regole della Shariah islamica: nessuna donna senza burqa in giro e mai senza un uomo che l'accompagni, e neanche una bionda (nel senso della birra) neppure in hotel, manco pagandola al prezzo del Dom Pérignon.

A Dubai, i molti debiti sono stati duramente rinegoziati con le grandi banche estere che avevano ecceduto con l'entusiasmo nel corso della prima fase "miracolosa" di sviluppo. Evitato il *default* sul mercato obbligazionario, e con le banche locali almeno apparentemente ben capitalizzate, liquide e in larga parte controllate dallo Stato (ovvero dalla famiglia regnante, che fa capo a Mohammed bin Rashid), l'Emirato ha saputo immediatamente riorientare le politiche creditizie del proprio sistema finanziario a supporto dello sviluppo economico (ben più che nell'Europa continentale).

Uno sviluppo economico non più sospinto dalla sola finanza e dall'immobiliare, ma anche dal turismo (con circa 9 milioni di visitatori l'anno... e il mare di Dubai non è neppure confrontabile con quello della Sardegna) e da molte piccole e medie imprese, oggi vero elemento "di moda" nella regione (molto piccole e poco medie, con apparentemente nulla di eccezionale – giusto per essere chiari – in buona parte sovvenzionate dallo Stato e che possono godere di credito bancario in abbondanza e di tasse vicine allo zero).

Non si fanno belle nozze con pochi fichi secchi – penso, mentre con lo sguardo mi dilungo sui tavoli eccessivamente imbanditi della grande sala.

Lupi per agnelli?

«Ti devo raccontare un paio di cose molto interessanti, più tardi» riprende a dirmi il mio ospite, infilandosi in bocca una manciata di carne di pollo e di hummus.

Poi, puntellandosi con le mani chiuse a pugno sul tavolo, si alza lentamente, facendolo traballare. Si fa spazio con la pancia tra le ricche cibarie ai lati e, puntando decisamente verso il centro, prende il pezzo più pregiato dell'agnello dormiente che altri hanno già dilaniato, strappando a forza chi una coscia, chi un pezzo d'addome, chi un'intera spalla. Con una sola mano, prendendolo per il collo, ne strappa la testa, stringendola nel pugno, con le fibre di carne tenera frantumate che penetrano tra le sue grosse dita.

Quindi, recuperato il suo posto a sedere sui ricchi cuscini di seta disposti intorno al tavolo, tenendola con entrambe le mani, con un colpo preciso e secco sul tavolo crea una prima frattura e poi una più ampia apertura al centro del cranio del povero agnello. Con le mani sporche del sangue bollito si fa strada, fino a estrarre con la punta delle dita il cervello ancora caldo. Lo solleva prima in alto e poi nella mia direzione, porgendolo alla mia bocca, compiaciuto.

In segno di amicizia, immagino. Non aspettandosi certamente un rifiuto.

Rimango un paio d'ore con lui, al termine della cerimonia. Parliamo a lungo dei piani di sviluppo della sua finanziaria, anche al di fuori degli Emirati Arabi e nel contesto dei paesi del Consiglio del Golfo (oltre agli Emirati, Qatar, Kuwait, Oman, Arabia Saudita e Bahrein). Buona parte dell'oggetto della discussione è una mia proposta di costituzione di un database di informazioni finanziarie e industriali per lo sviluppo di una serie di analisi relative al settore immobiliare e, nello specifico, ai progetti che sta pensando di finanziare.

Per quanto il contesto sia diverso, il rischio di una nuova bolla immobiliare nel paese, a mio avviso, permane. E ciò che è largamente disponibile negli Stati Uniti e in Europa, in termini di informazioni di base, è quasi inesistente da queste parti. Probabilmente a causa della crescita tumultuosa degli ultimi anni, qualsiasi dato oggettivo sul *real estate* è scarno, non affidabile o per nulla esistente (come le informazioni del TomTom se ti trovi a guidare a Dubai, rischiando di finire su una sopraelevata che improvvisamente si interrompe nel vuoto, o su una strada costiera di collegamento su cui, a un certo punto, è stato costruito l'hotel di Ali Babà e dei Quaranta Ladroni).

Dal database e dalle informazioni e analisi sul *real estate* – gli spiego, con gli angoli della bocca ancora sporchi del cervello del povero agnello – potranno essere derivati indici sintetici e modelli di analisi che permetteranno di monitorare il rischio di una nuova bolla immobiliare e di intervenire per tempo, anche con riferimento ai singoli progetti di sviluppo, per cambiarne la natura ingegneristica, la destinazione d'uso, il piano di commercializzazione e altro ancora.

Ho chiamato questo approccio Active Real Estate Management (AREM), ovvero gestione attiva del sottostante immobiliare relativo a finanziamenti concessi a controparti *real estate* (i costruttori e i *traders* del mattone, ovvero, molto spesso, i "furbetti del quartierino", o *ladrillos* come li chiamano in Spagna).

Sarebbe un progetto importante per lui e per molte altre banche impegnate in Medio Oriente (e, perché no, per molte altre banche europee, italiane comprese). Sarebbe anche un bel progetto per le banche centrali del Medio Oriente, se solo "comprassero" l'idea.

Certamente sarebbe un bel progetto per me, ancora alle prime armi come consulente in questa regione. Non trascuro tuttavia di notare un forte calo d'interesse quando dai suoi progetti di sviluppo unici e senza precedenti (arroganti, li potremmo anche definire) passiamo a parlare di modelli statistici e di *risk management*, di KPI (Key Performance Indicators) e di EWS (Early

Warning Signals) e di sistema di *reporting*, o *dashboard* come lo chiamiamo noi consulenti.

Mentre lo saluto penso che forse, come per Dubai, rendere questo un progetto di successo è solo questione di marketing e di costruire "una migliore trappola per i (propri) topi".

Perché non rinominarlo Holistic Active Real Estate Management (HAREM)? Mi viene in mente intanto che scendo, lo stomaco in gola, col solito ascensore superveloce, pensando alla decina di giovani mogli che stanno aspettando a casa il mio vecchio sceicco.

Che abbia fatto troppi debiti anche lui, per mantenerle tutte?

Effimera, eppur si muove

Il mio hotel si trova vicino alla Marina. Con un servizio navetta via mare è possibile raggiungere anche un altro albergo della stessa catena, che sta sul ramo più esterno della Palma, ma non credo di avere tempo per un giro da quelle parti, nei miei 2 intensi giorni di permanenza.

Dal centro finanziario e commerciale di Dubai alla Marina sono circa 15 minuti di taxi. Molti grattacieli costeggiano la strada principale a 12 corsie, trafficate ma pulite e lisce come l'olio – un inferno quando (raramente) si mette a piovere, essendosi gli ingegneri del luogo dimenticati di costruire i tombini di scolo.

Tutte le auto in circolazione sono nuove e l'utilitaria più piccola che vedo è una Range Rover. Mi hanno raccontato (leggenda metropolitana o no, non saprei) che da queste parti ti obbligano a cambiare auto dopo i suoi primi 3 anni di vita, perché tutto a Dubai deve dare l'impressione di nuovo, di esagerato, di ricco.

Lungo l'intero tragitto ci sono ancora molte gru, a dire il vero, ma nulla che ricordi il 2007. Ci sono anche nuove linee del metrò in via di sviluppo, e le solite sopraelevate che si fermano nel vuoto e che probabilmente non saranno mai terminate, perché nel frattempo ci hanno costruito un grattacielo davanti. L'ennesimo impiccio per chi si occupa di aggiornare le mappe satellitari (le auto a noleggio qui sono notoriamente sprovviste di navigatore e per un buon motivo, anche se il complesso intreccio di superstrade e tangenziali lo renderebbe quasi indispensabile).

Tutto sommato, a guardare meglio, con i cantieri progressivamente terminati, anche Dubai paradossalmente sta riprendendo i connotati di una città normale (sia pure nella sua assoluta anormalità). Mi chiedo tuttavia, proprio come qualche anno fa, perché, fra tutti i posti al mondo, parecchi milioni di persone relativamente facoltose dovrebbero venire a vivere qui.

«Dubai è un posto divertente e vibrante» mi ha detto un mio cliente, un *expat* americano che lavora come top manager per una delle prime banche dello Sceiccato (anch'essa controllata tramite un investimento diretto dalla famiglia regnante). «È una bella esperienza viverci 2 o 3 anni, da americano o europeo, ma è anche una città tremendamente effimera. Non sarà mai una città globale come New York o Londra.»

Anche perché solo il 10% dei cittadini locali costituisce la forza lavoro del posto, mentre il rimanente 90% è di fatto emigrato per opportunità e con un orizzonte temporale di permanenza di breve-medio periodo. Quasi tutte le cose belle di Dubai (e anche quelle brutte) sono state fatte – e in larga parte anche pensate – da stranieri.

Gran parte della popolazione di Dubai viene dall'Asia (molti sono gli indiani e i filippini, per esempio: fanno i lavori più duri, pagati una miseria, e vivono ammassati in condomini alla periferia della città, spesso in condizioni al limite della tollerabilità), in maggioranza è costituita da maschi. Difficile dunque pensare allo sviluppo di una popolazione autoctona, sia pure di origine straniera, legata al territorio e decisa a investire nella creazione di una famiglia.

Certamente, il governo di Dubai e di altri Emirati sta pensando a invertire questo trend richiedendo una "quota minima" di cittadini impiegati in ogni grande azienda, specie ai livelli manageriali più elevati (il che implica un fenomeno inflattivo nel costo del loro lavoro, essendo le offerte "forzate" di lavoro in eccesso rispetto alla domanda di lavoro dei locali in possesso delle competenze minime necessarie).

Per quanto riguarda i posti di lavoro pubblici, alcuni Emirati stanno anche procedendo, di punto in bianco, a licenziare tutti gli stranieri (con un permesso di soggiorno rinnovato per soli 6 mesi, nel caso vogliano cercarsi un altro lavoro) e a riassumere i locali.

Il governo sta anche sostenendo la formazione tecnica e accademica della popolazione, a cui è spesso offerta anche la casa (non certo "*housing* sociale", a giudicare dalla qualità e dalla dimensione delle villette che ho visto), per incentivarne il radicamento territoriale (e, specie dopo la Primavera Araba, per mantenere elevato il loro grado di soddisfazione rispetto all'operato della famiglia regnante).

Il governo sta infine limitando il livello di indebitamento realizzabile sull'acquisto di una casa da parte dei non residenti, che hanno finora comprato su basi speculative per abitarci e rivendere dopo 3 anni al momento di andarsene – come suggerisce il mio cliente americano – a prezzi più elevati, ed evitando per giunta di pagare l'affitto nel durante (molti, ancora più speculatori, si comprano anche una seconda o terza casa, coprendo gli interessi del mutuo con i proventi dell'affitto, e sperando di poter ripagare il nominale del debito contratto con una piccolissima quota parte del prezzo finale di vendita).

La strada verso la creazione di una città che sia veramente "nazione" e "home-country" per i suoi cittadini di adozione appare tuttavia ancora molto lunga. Così come quella verso la piena realizzazione di un nuovo modello di sviluppo, caratterizzato da progetti forse meno onirici ma più realistici, e da tassi di crescita meno impressionanti ma anche più sostenibili.

C'è poi la sfida aperta dell'internazionalizzazione, visto che per Dubai, per gli Emirati e per tutti gli altri Stati del Golfo gli spazi di crescita non sono infiniti, la popolazione autoctona è limitata nel numero e, alla fin fine, il deserto di queste terre è... deserto.

Molto rimane da fare anche rispetto alla definizione delle nuove strategie geopolitiche, di sviluppo economico e di relativa forza industriale che potrebbero cambiare radicalmente nello spazio di pochi anni (si vedano le opportunità energetiche offerte dallo *shale gas* e il conseguente rischio di "spiazzamento" del petrolio: cosa ne sarebbe di questi paesi e del loro debito pubblico, se il valore del greggio scendesse significativamente sotto i 100 dollari al barile?).

Definire il nuovo modello di sviluppo sostenibile per Dubai e per molti Stati del Golfo rappresenta certamente una sfida molto affascinante, per i consulenti che avranno la fortuna di poter contribuire a supportare, formare e influenzare il pensiero dei decisori chiave, pubblici e privati. Possibilmente ben pagati e con l'intero HAREM a disposizione (mi riferisco ovviamente alla metodologia "proprietaria").

Lo si dovrebbe fare – definire il modello di sviluppo – pur tenendo conto delle difficoltà da affrontare, per superare le diverse sensibilità e condividere decisioni e piani d'azione che apparirebbero molto razionali in Europa, ma che qui lo sono molto meno. D'altronde, anche in Europa e a Bruxelles in particolare, quali dimostrazioni di lucida e tempestiva razionalità sono state date ai tempi della crisi del debito pubblico?

Anche qui come in Europa, nel definire la scelta giusta tra lo sviluppo domestico e la diversificazione internazionale, o il livello adeguato di "solidificazione" in attività di *real estate* del petrolio liquido estratto, occorre considerare bene i dati di partenza, le risultanze oggettive delle analisi e anche tutti i pro e contro di natura intangibile – soggettivi per definizione.

Si tratterebbe dunque di ricercare il vero (la migliore strategia finanziaria, operativa e industriale possibile) come se fosse racchiuso in una minuscola lampada a olio nascosta nel deserto e nel bel mezzo di una tempesta di sabbia. Superando l'efficace ma illusoria soluzione della "migliore trappola per i topi" (anche il più fesso dei topi si accorgerà prima o poi che, come meta marittima, la Sardegna è molto meglio del Golfo – specie in periodo di Ramadan, in estate inoltrata, quando già alle 6 di mattina è impossibile stare in spiaggia per il caldo umido e riesci a sudare anche se te ne stai a mollo nell'acqua del mare).

Tutto questo – la definizione del modello, la ricerca del vero, la qualificazione di una *vision* di crescita economica e civilizzazione futura – lo si dovrà affrontare prima o poi, facendo i conti per giunta con i soliti problemi di traduzione, culturale e linguistica (la lingua di lavoro qui è l'inglese, ma esistono tante diverse lingue inglesi quante sono le lingue madri e i dialetti della gente che lavora, per scelta o per necessità, a Dubai).

«*Itsiniaàr! laàr!*» mi ripete infatti un inserviente dell'hotel in cui sono alloggiato, indicandomi la reception.

Davos e il suo leader globale:
le idee che cambieranno il mondo, e i superpoteri che comportano ancor più grandi responsabilità

Sono a Davos, e non per sciare

«Sono a Davos, e non per sciare» rispondo al telefono cellulare, con un certo tono d'importanza, a un amico ed ex collega di lavoro.

«Ah, incredibile... Complimenti...» mi dice, chiaramente invidioso e scusandosi per avermi disturbato in questi delicati momenti: mi richiamerà la settimana prossima.

Il gioco funziona, l'effetto è immediato, molto potente, come tutto qui del resto, nella penultima settimana di gennaio di ogni anno.

Funziona col mio ex collega che conosce bene il mondo degli affari, ma funziona anche con i miei genitori, che mi chiamano qualche minuto dopo e che, senza saperne di affari, hanno visto la sera prima in tv il premier italiano Mario Monti, quello inglese David Cameron e quello tedesco Angela Merkel, per citarne alcuni (manca all'appello solo Obama, impegnato nelle delicate fasi d'insediamento del governo per il suo secondo mandato, ma ci sono altri importanti esponenti dall'America, dall'Asia e dal Medio Oriente).

Insomma, il lungo viaggio, le elevate spese per poter partecipare (generalmente sostenute dalle aziende per i diversi livelli di *partnership* o "accesso" previsti ai lavori del World Economic Forum, WEF) valgono la pena: si tratta dell'evento relazionale di gran lunga più *in* dell'anno, sia per i politici che per gli uomini di business, e per molti altri ancora (compresi divi del cinema e rockstar, da Angelina Jolie a Mick Jagger). Ma andiamo per ordine.

Sono partito all'alba da Milano con la mia auto a quattro ruote motrici e gommata per l'inverno. Ci sono molti modi per arrivare a Davos, un lussuoso paesino svizzero di montagna noto al mondo proprio per l'evento che ospita ogni anno, e non certo per le pur pregevoli piste da sci. La maggior parte degli invitati al WEF ci arriva con voli di linea fino a Zurigo, o con altri privati nella più vicina Saint-Moritz. Dall'Italia è certamente più comodo in auto, via Lugano: circa 4 ore negli orari di punta, o 2 e mezzo se si viaggia a orari impossibili, come sto facendo io.

Mi avevano anticipato che avrei trovato un gran traffico sulle strade, durante la settimana del WEF, ma per le 8 sono già a pochi chilometri dal centro, dove al primo posto di blocco mi fermano per un controllo.

«*I am here for the WEF, the World Economic...*» dico al gendarme della polizia svizzera (che peraltro parla perfettamente l'italiano), mostrandogli con orgoglio il mio badge (il tagliandino plastificato di riconoscimento, con tanto di foto) che mi permette di essere uno dei quasi 3mila invitati ai lavori, sia pure con un colore identificativo tra i più umili e "periferici" in circolazione, dai diritti di accesso molto limitati.

"Periferico" è, d'altronde, la parola giusta. Un po' come nei cerchi progressivi di dantesca memoria, qui ti devi sudare anno dopo anno, sottoscrizione dopo sottoscrizione, il diritto di accedere dalla cerchia più esterna a quelle progressivamente più interne, realmente riservate ai vip, alle *very important persons* di cui ancora non faccio parte.

Procedo lentamente con l'auto fino all'hotel in cui alloggerò (anch'esso periferico rispetto al centro). Dopo aver parcheggiato, vestito da lavoro come al solito (giacca, pantaloni e cravatta blu, camicia bianca, con scarpe nere dalla suola di cuoio), rischio un paio di volte la vita per il ghiaccio che ricopre i marciapiedi che costeggiano la via principale. D'altronde, provo a camminare sull'asfalto della strada (perfettamente pulita) e vengo immediatamente ripreso con toni non particolarmente amichevoli dalla polizia e dall'esercito svizzero (che presidia la città come in attesa di un attacco all'arma bianca, specie dopo le manifestazioni no global di qualche anno fa).

Dopo un secondo posto di controllo, riesco ad accedere alla prima cerchia (bolgia?) dei lavori, in ampio anticipo sui tempi del mio primo meeting all'hotel Belvedere, leggermente sopraelevato rispetto alla centrale via delle boutique.

All'ingresso, come in ogni hotel in cui si tengono eventi collegati alla manifestazione, c'è un altro posto di controllo (con metal-detector per i bagagli e le persone, proprio come in aeroporto) che riesco stranamente a superare senza intoppi.

Siamo appena a inizio settimana e i lavori del WEF continueranno, in un crescendo di appuntamenti, fino al sabato successivo. Ma il *buzz* (la confusione, l'atmosfera concitata, l'eccitazione e il nervosismo, persino) è iniziato già dal weekend precedente.

In effetti questa settimana, oltre ai 3mila invitati a vario titolo (in rappresentanza di almeno un centinaio di paesi), sono attesi circa 50 capi di Stato, 300 ministri e 1.000 capi azienda di grandi compagnie internazionali, dalla manifattura alla tecnologia, dai servizi alla finanza.

Sono loro i leader globali del pianeta, i *masters of the universe* (come li dipinge parte della stampa, con tratti non sempre positivi, specie negli ultimi tempi). Ovvero, gli *young global leaders* (come li definisce invece l'organizzazione *non profit* di Davos) chiamati a ritrovarsi, a conoscersi e a costituirsi come *new generation leadership community that is mission-led and principle-driven*.

In altre parole, sono loro la nuova generazione di leader che si riunisce ogni anno a Davos per fare business e politica e salvare il mondo, magari tra una sciata e l'altra.

Da Aspen a Davos

Ricordo una delle mie prime partecipazioni all'Aspen Institute, al Piccolo Teatro di Milano, che prevedeva la presenza di Marco Tronchetti Provera (a quei tempi a capo sia di Pirelli che di Telecom Italia) come *guest speaker* dell'evento di quella giornata.

Ero arrivato al solito con largo anticipo, vestito e cravatta blu scuro con camicia bianca, abbronzato, occhiali da sole neri opachi (era estate) e auricolare del telefonino all'orecchio. Tanto mi sentivo (e apparivo) spaesato che, all'ingresso, uno degli organizzatori mi aveva accolto con l'ormai per me indelebile frase: «Security Tronchetti Provera, suppongo?».

Mi sono ripromesso da allora di fare meno palestra, e di non indossare più occhiali da sole e auricolare quando mi trovo a bazzicare eventi di questo tipo, in modo da non essere scambiato per la guardia del corpo di qualche potente.

Aspen è un'altra organizzazione *non profit* mirata a creare e a sviluppare una comunità relazionale di leader del business, della politica e anche della cultura, rigorosamente *bipartisan* (la branca italiana era ai tempi guidata dagli ex ministri dell'Economia e dell'Industria). Nata dall'Aspen Institute americano (guarda caso, anche Aspen è una nota località sciistica del Colorado), l'organizzazione si prefigge dal 1950 di "incoraggiare le leadership illuminate, le idee e i valori senza tempo" e il dialogo sui maggiori problemi contemporanei. L'Istituto e i suoi partner internazionali perseguono quindi lo sviluppo di un terreno comune di analisi e comprensione approfondite in uno scenario non ideologizzato, attraverso seminari, programmi culturali, conferenze e iniziative di promozione della leadership.

Ai lavori dell'Istituto si partecipa tramite il pagamento di una *membership fee* (una non banale commissione annua), che peraltro richiede preventivamente un invito a aderire come "socio" o come "amico/sostenitore". L'invito deve essere esteso da una sorta di commissione aggiudicatrice (c'è ovviamente molta più domanda di partecipazione rispetto all'effettiva disponibilità di accesso). Gli incontri si svolgono quindi tramite tavole rotonde.

A ogni tavola rotonda (che può discutere ad esempio della crisi internazionale di banche e finanza, o delle sfide energetiche del futuro, o degli sviluppi legislativi riferiti al commercio nell'Asia centrale) partecipano generalmente un paio di *keynote speakers* molto noti chiamati a rompere il ghiaccio presentando il loro punto di vista.

Ne segue una discussione a cui tutti possono contribuire, ma per un tempo massimo di 3 minuti. Basta chiedere la parola mettendo in verticale il proprio "toblerone" (si chiama così per la forma analoga alla nota barretta di cioccolato, ma è essenzialmente un pezzo di plexiglas col proprio nome posizionato in corrispondenza dei posti di lavoro a cui, in ordine alfabetico, si è invitati a sedere).

Molti commenti sono interessanti; altri meno. Alcuni meritano una replica, altri una soffiata di naso, a esser gentili. Ma il tono è sempre molto pacato, anche tra politici di fazioni opposte (il che lascia pensare che facciano apposta a litigare quando si trovano davanti alla telecamera di una trasmissione tv nazionalpopolare).

Insomma, si tratta di eventi ben organizzati, frequentati da persone molto note e referenziate e che si sviluppano attraverso discussioni che, rigorosamente (come previsto dal regolamento del WEF), non devono avere nulla di commerciale: nessuna pubblicità o promozione della propria azienda, ma solo diritto di parola per esprimere le proprie idee (peraltro, molti frequentatori di Aspen non intervengono mai, della serie: l'importante non è partecipare, ma esserci).

Sono passati ormai parecchi anni dai tempi in cui frequentavo l'Aspen in Italia, e il WEF rappresenta certamente una "promozione". Anch'esso nasce con l'obiettivo di discutere, indirizzare e idealmente risolvere le principali sfide globali di maggiore attualità. Costituito nel 1971 a Davos, con il patrocinio della Comunità Europea e delle Associazioni degli Industriali Europei, con il coordinamento e la leadership del professore tedesco Klaus Schwab, il WEF ha accresciuto anno dopo anno la propria notorietà, capacità di influenza e potere di indirizzo.

Nel corso degli ultimi quarant'anni si è quindi affermato come l'evento economico-politico-relazionale d'eccellenza. Forse anche per l'aria pungente e il cielo cristallino delle Alpi svizzere a gennaio, perché evidentemente le più famose località sciistiche portano bene allo sviluppo di queste comunità di potenti, e sono un toccasana per le opportunità di fare business o politica, incontrando le persone che contano in un contesto "giusto" in cui, per principio non scritto, tutti devono essere gentili e disponibili con gli altri.

Ma che cosa rappresentano queste iniziative, e l'evento di Davos in particolare, al di là del conoscere gente, fare collezione di biglietti da visita e godere dell'aria pulita, della neve candida e degli splendidi paesaggi delle montagne svizzere?

Credo che alla fine – ma è una mia libera interpretazione – il vero messaggio di questo *get together* "multi-partisan" e "multi-local" è che il mondo è diventato globale e lo sarà sempre di più. E quindi, per il bene di tutti, è meglio parlarne subito "tra leader" davanti a un bel bicchiere di *vin des glaciers* (io non bevo, e questo gioca a mio sfavore), piuttosto che arrivare alle mani (attraverso le vie formali e le sedi istituzionali o, peggio, lanciandosi qualche missile tanto per gradire), discutendo su che cosa si dovrebbe fare meglio e diversamente la prossima volta per evitare gli errori del passato.

Il che può anche risultare cosa buona e utile, anche se evidentemente dà fastidio ai più puristi tra i no global e (probabilmente) ai tanti altri che, meno nobilmente, sono rosi dall'invidia per non poter essere presenti alla manifestazione.

Il leader è globale

Il primo incontro della mattina è stato abbastanza interessante, anche se non di punta (il problema è sempre il colore del mio badge, che non mi permette di partecipare all'evento clou della giornata, in cui sono previsti gli interventi dei principali primi ministri degli Stati della Comunità Europea). In compagnia di un altro ex collega, che promette di raccontarmi storie piccanti di sesso e soldi che si svolgono dietro le quinte, riprendo la strada principale, a meno 15 gradi sottozero.

Per le 12 è previsto il pranzo organizzato da un noto giornale finanziario americano, a cui parteciperanno (mi dice) grandi leader dell'industria globale. Mi ritrovo in effetti seduto vicino a Carlos Ghosn, capo azienda delle case automobilistiche Renault e Nissan, vera e propria leggenda vivente tra i top manager internazionali, con storie di successo dall'Asia all'Europa, all'America.

Il cibo è scadente, quasi da mensa aziendale, il posto piccolo e molto affollato, e scopro con sorpresa che anche Ghosn e gli altri manager e politici seduti intorno a lui sono, almeno in quest'occasione, molto affabili e alla mano (neppure indossano la cravatta, che provvedo anch'io velocemente a far sparire).

Il dibattito è vivace, ad ampio raggio e spesso scherzoso. Noto con piacere che i partecipanti non si preoccupano di misurare le parole (fa parte dei principi alla base dell'evento l'impegno – a cui tengo fede anche in questa sede – di non riportare al di fuori di quelle mura quanto viene detto).

Ma torniamo al tema del mondo "globale" e dei leader del pianeta che si trovano a mangiare la fonduta in una valle sperduta della Svizzera, terra neutra per definizione. Esiste una teoria-culto del "leader globale", largamente predicata da aziende e istituzioni (quelle accademiche in primis), e ovviamente dai management guru della consulenza internazionale, che da anni l'hanno sviluppata.

Limitandoci per semplicità all'ambito degli affari, questa teoria dice essenzialmente: se non prendi almeno un volo transcontinentale alla settimana, non sei nessuno; se non conosci almeno tre lingue, non farai mai carriera; se non sai come mangiare con dei giapponesi o come salutare le donne arabe, rischi di arrecare un danno alla tua azienda.

Per fortuna ci sono molti programmi formativi executive (cioè destinati ai professionisti che hanno una laurea e lavorano) che ti possono insegnare tutto questo. Ad esempio l'INSEAD (una delle università più famose nell'ambito della formazione degli executives e con un programma di MBA, Master in Business Administration, tra i più agognati al mondo), propone ormai corsi di formazione che si tengono solo in parte a Fontainebleau, in Francia, e per il resto nei suoi altri due campus ad Abu Dhabi e a Singapore. La stessa Università Bocconi (e la sua SDA, Scuola di Direzione Aziendale, che appunto si occupa della formazione post-laurea) si sta rapidamente internazionalizzando attraverso accordi di scambio e di condivisione di campus in Cina e India, per citarne alcuni.

Io stesso, agli albori della mia carriera, ho partecipato a un programma di MBA di una ben meno nota università americana (peraltro sovvenzionato da una borsa di studio della Comunità Europea) che vantava (e, onestamente, aveva come unico elemento differenziante) la partecipazione al programma di studenti provenienti da oltre 60 nazioni diverse.

Certamente, che il mondo sia più globale rispetto al passato mi pare ovvio. Così pure – e lo dico purtroppo da italiano – chi si trova a lavorare in mercati strutturalmente a crescita bassa o negativa come il nostro fa una scelta molto sensata se inizia a preoccuparsi di "internazionalizzare" il proprio curriculum, esponendosi maggiormente e proattivamente alle opportunità di business che possono manifestarsi nei paesi a elevata crescita (Cina e India, America Latina, Europa dell'Est, ma anche Medio Oriente e parte dell'Africa).

La cruda realtà è che oggi, nei paesi maturi (l'Italia, ma in generale un po' tutta l'Europa), vi è un eccesso strutturale di offerta di lavoro qualificata: troppi aspiranti manager, nell'industria come nella finanza; e troppi consulenti, di tutte le razze e colori; per non dire (ma questo, quasi per definizione) troppi politici.

Mentre, paradossalmente, le opportunità di crescita in paesi emergenti (i famosi BRIC: Brasile, Russia, India e Cina) sono limitate proprio dalla carenza di manager qualificati che, sapendo parlare la lingua locale oltre all'inglese "lingua franca" e conoscendo la cultura e il sistema relazionale del posto, possano essere trovati e utilizzati in tempi rapidi, visti i tassi di crescita impressionanti di quelle economie.

Personalmente, trovo esagerato tutto questo *hype*, questa enfasi reboante sia su quello che un leader può in realtà fare (se non in relazione con altre centinaia o forse migliaia di altri *middle managers* nell'organizzazione), sia su quanto il fatto che sia "globale" possa costituirne la chiave del successo (ovvero piuttosto non ne rappresenti un mero prerequisito, come il saper parlare inglese).

Noto ad esempio una statistica pubblicata dall'"Economist", secondo cui almeno l'80% dei CEO (Chief Executive Officer, amministratori delegati) delle 500 più grandi aziende americane non raggiunge l'età della pensione (nel senso che vengono cacciati prima, sia pure solitamente con ricchi bonus e "paracaduti d'oro"), anche se questi notoriamente sono già parecchio "globali". Noto anche un'altra statistica (questa meno scientifica, nel senso che deriva dalla mia attenta lettura di vari articoli della stampa internazionale relativi al tema della *global leadership*) che descrive i suddetti top manager come spesso "arroganti", "troppo assertivi" e "poco interessati al lungo periodo". In altre parole, top manager può voler talvolta dire "mercenario". Faccio un buco in Europa e mi riciclo in Asia. Mi sono giocato la faccia in "Cindia" e me la rifaccio in America. E da lì in Africa (poi, dopo, c'è sempre l'Italia).

Non sarà forse che il leader globale del futuro, quello invocato da Davos per risolvere i problemi del mondo e risollevarne le prospettive di ricchezza, benessere, democrazia e civiltà, deve avere anche altre caratteristiche tecniche e umane, ovvero non averne certune (quali l'eccessiva ambizione, o l'attaccamento al successo, ai soldi e al potere a tutti i costi)?

Ricorda infatti Abraham Lincoln, che di leadership ne sapeva qualcosa, che quasi ogni uomo può resistere alle avversità, ma solo pochi hanno un carattere sufficientemente forte da resistere alla lusinga del potere, o da non esserne influenzati in modo negativo, anche quando non violano le leggi o non commettono crimini.

D'altronde, come ci ricorda da par suo l'Uomo Ragno, a grandi poteri corrispondono ancor più grandi responsabilità.

E qui a Davos tutti hanno letto l'Uomo Ragno da piccoli.

Speed date

«In una giornata tipica a Davos» mi dice uno dei miei clienti che incrocio per caso all'ingresso di un albergo dove ho altri appuntamenti «puoi raccogliere una cinquantina di biglietti da visita e ingrassare almeno mezzo chilo» (in effetti, sono diretto al mio secondo pranzo e lui al suo terzo).

Insomma, sembra un po' di essere dentro uno *speed dating* del business. Non ho mai partecipato a eventi di questo tipo, organizzati da website di ricerca amorosa per tutti i gusti, ma l'ennesimo ex collega, parecchio più giovane, mi ha raccontato di una sua esperienza molto light. Ogni ragazzo si iscrive pagando una certa cifra, mentre le ragazze si possono iscrivere gratis, ma solo dopo aver mandato una loro foto al sito. A fronte della quota d'iscrizione ha diritto di partecipare a una serie di miniaperitivi (*one to one*) organizzati uno dietro l'altro: tipo 10 incontri di 10 minuti ciascuno, con 10 ragazze diverse (il che fa circa 2 ore, a forza di succhi di pera e pomodoro... mica puoi bere una birra a ogni incontro).

Alla fine delle 2 ore, ogni ragazza ha il diritto/dovere di scegliere solo uno dei 10 ragazzi incontrati, essendosi impegnata a far avere la sua mail e il suo numero di cellulare al prescelto, con cui dovrà passare un'intera serata di lì a un paio di settimane.

Il problema è che per far girare gli *economics* del website per cuori solitari, che tipicamente non è mai *non profit*, ci sono 10 ragazze e molti, molti più maschi. Come in un gioco di ispirazione darwiniana, in quei 10 minuti ti giochi tutto (la possibilità di sopravvivenza del tuo "gene egoista", potremmo dire citando Dawkins, ovvero le tue poche chance di assicurarti, nel lungo periodo, una discendenza genetica più forte ed evoluta e – incidentalmente – una bella serata nel più breve periodo). Hai voglia dunque a iniziare la conversazione dicendo: «Sono Stefano e ho vent'anni. Tifo Inter e al liceo avevo la media del 7, mi piace il mare e sin da piccolo mia mamma diceva che...». Manco arrivi a fine frase che la tua "preda" già sbadiglia, pronta a dire «*Next!*».

E probabilmente neanche esordire con «Luca! Ho la Porsche cabrio con l'alettone e sono il più grosso della palestra» funziona più tanto bene. Quella che ti sta di fronte come minimo ha un ex che aveva la Ferrari e l'altra sera è uscita con uno che sollevava pesi alle Olimpiadi. Il gioco sta nel sorprendere, con un misto di originalità creativa e di innocente malevolenza, le pur già molto elevate aspettative della controparte seduta al tavolo del *deal*.

«Ho la mongolfiera parcheggiata qui fuori. Se facessimo un brindisi con Dom Pérignon tra mezz'oretta, potremmo incrociare le rondini che migrano verso l'Africa e poi lanciarci col paracadute sul Lago di Como, c'è George (Clooney) che dà un party e se non vado se la lega al dito.» Più fantasioso come attacco, no?

Il problema è che al giorno d'oggi, tra globalità, digitalizzazione, effetto serra e tempeste magnetiche, ti tocca avercela veramente lì fuori, la mongolfiera. E anche l'invito (magari riciclato a caro prezzo da un bagarino) al party per poche migliaia di intimi del noto attore americano.

Tutto questo succede anche a Davos, ma in chiave di business.

Se sei consulente e riesci a ottenere 5 minuti con il CEO di una grande azienda internazionale, allora ti trovi esattamente nella situazione del ragazzo bruttino e pieno di brufoli, malvestito e con occhiali spessi come fondi di bottiglia che ha la chance, quasi per grazia divina, di poter offrire un aperitivo alla bella della scuola, griffata di tutto punto, desiderata da tutti e smaliziata e crudele quanto la Lolita del romanzo.

Tu sei il fornitore (uno tra mille) e lui il cliente (uno tra i più importanti). Tu vuoi una cosa che l'altro ha, e che potrebbe dare a uno chiunque dei questuanti nella lunga fila di – apparentemente indifferenziati – pretendenti.

Hai voglia a fare il romantico, o a dimostrare di essere quello con la testa più a posto di tutti e di avere intenzioni serie: non "una botta e via", ma una vera relazione di *partnership* di lungo periodo. Te lo devi conquistare, il cliente. In pochi minuti: con brillantezza e *savoir-faire*, oltre che con creatività e credibilità (quella viene solitamente dopo, molto dopo la prima "botta e via").

E in quei 5 minuti (quasi) tutto è permesso. Pur senza rivelare i trucchi del mestiere, potrei certamente suggerire agli aspiranti consulenti, molti dei quali miei concorrenti, di non iniziare con: «Sono Stefano, ho 40 anni e mi sono laureato a pieni voti, e sono appassionato dei modelli stocastici di previsione analitica di cui il mio professore mi parlava sempre...».

E tantomeno con: «Luca! Dal GMAT risulta che sono il più intelligente. Le mie slide sono quadri firmati, mentre gli altri sono metalmeccanici del PowerPoint, al confronto!».

In ogni caso, occorre avere – come nella vita – l'incredibile fortuna di incontrare la persona giusta al momento giusto, disposta a darti fiducia anche se ti mangi le parole e la salivazione ti si è azzerata, perché l'oliva del Martini si è fermata a metà gola e di scendere proprio non ne vuole sapere.

In questa tipologia di *speed dates* a volte si vince e molte volte si perde, prendendole di santa ragione. Ma ogni *advisor* ha il cliente che si merita. E viceversa.

E non tutte le "lasciate" sono perse, nello straordinario mondo della consulenza strategica.

Arrivano gli orsi

Sono davvero tanti gli eventi pubblici e privati organizzati a margine dell'agenda ufficiale del programma. La stessa Davos fa un po' da Disneyland del business e da Milano Marittima della politica, addobbata com'è da cartelloni pubblicitari lampeggianti, pupazzi di gomma profumati, mongolfiere colorate ancorate a qualche albero, e altro ancora. Il tutto con i brand delle aziende e degli Stati partecipanti che sovvenzionano l'evento *non profit* (mentre sono decisamente *for profit* tutte le società di *public relations* e di marketing e comunicazione che gli ruotano intorno).

Noto con interesse (alla faccia del movimento "no logo"), appena ai lati dell'albergo di cui sarò ospite, la promozione della fornitura di gas da parte di uno sconosciuto paese dell'ex Unione Sovietica, con ragazze altissime e molto belle (mi limito a immaginarlo, potendo scorgerne solo i lineamenti perfetti del viso e lo sguardo glaciale, impellicciate da orsi polari come sono).

C'è poi di seguito quella dei servizi tecnologici di un grande conglomerato indiano (tutto è conglomerato in India, le grandi aziende nate da poche grandi famiglie patriarcali oggi producono di tutto: dalle auto al software, dai film di Bollywood alla chimica e petrolchimica, dal turismo all'alimentare). La sua offerta è rinchiusa in un oblò trasparente di plastica gonfiabile (spero con gas non infiammabile), che alla fine crea anche qualche sinergia scenografica con gli orsi polari del gas siberiano.

Sempre pattinando sul marciapiede ghiacciato, mi avvicino all'ingresso laterale dell'hotel e rischio nuovamente una frattura composta scivolando con le mie suole di cuoio liscio (un altro errore da pivellino di Davos, queste scarpe: ho visto in giro *investment bankers* di Wall Street indossare stivaletti da montagna e scarpe da golf chiodate...). Faccio appena in tempo ad aggrapparmi a un cartellone di plastica illuminato a intermittenza, con la pubblicità di una società di concorrenti della consulenza che (mi ricorda lo slogan sotto il loro brand multicolore) *"are here to help, when you really need it"* ("sono qui per aiutare quando ti serve veramente": non potrei essere più d'accordo, almeno questa volta!).

Se lasciarsi prendere dal desiderio di potere "per sé", come dice Lincoln, è il principale rischio dell'essere leader globali, o dell'essere loro consulenti strategici – riprendo a ragionare, mentre decido di continuare a camminare nel sole gelido della valle per riprendermi dalla digestione – allora i tratti del leader di cui avremmo bisogno non dovrebbero forse essere differenti?

Le stesse persone affabili e disponibili che durante questa settimana puoi incontrare per la strada a Davos (ammesso tu abbia un badge adeguato) saranno dalla prossima nuovamente inarrivabili, sprezzanti, troppo sicure di sé e troppo focalizzate al loro interno (della loro azienda? del loro sistema di potere? del loro ego?) per potersi preoccupare del futuro del pianeta e di chi lo abita... o anche per potersi permettere un minimo di autocritica costruttiva.

Forse – ragiono camminando in direzione di un altro hotel periferico dove sono invitato per un'altra manifestazione – il leader del futuro dovrebbe essere anche più umile, oltre che globale, per ricordare a sé stesso com'è arrivato dov'è ora (sempre che ci sia arrivato in virtù dei propri meriti e sacrifici e da più o meno umili origini) e come potrebbe trovarsi a breve (senza un lavoro e professionalmente bruciato, a dare ragione alla statistica dell'"Economist": quando sei al top e perdi il lavoro non sei più fruibile; chi gioca in serie A e perde l'ingaggio, difficilmente potrà riciclarsi in serie B o C).

Questa della caducità dei top manager (e anche dei loro consulenti strategici e banchieri d'affari preferiti) è una lezione che ho ben appreso e che ricordo a me stesso molto di frequente. Mi basta sfogliare la rubrica del mio cellulare: quanti dei miei clienti (molti una volta iperpotenti) si trovano oggi senza lavoro? Quanti dei miei ex colleghi (un tempo in inarrestabile ascesa) sono senza un futuro professionale e in *gardening leave* perenne?

Il leader del futuro dovrebbe dunque essere tanto umile (e lungimirante) da voler dimostrare ogni giorno che si merita davvero di stare dove sta, e che comunque tutto quello che riuscirà a fare dipenderà molto dai colleghi (anche da quelli a parecchi livelli sotto di lui), nonché dal contesto economico e (perché vergognarsene?) dalla fortuna.

Inoltre, il leader del futuro dovrebbe essere sufficientemente ambizioso da voler provare a cambiare (in meglio) il mondo, ma in coerenza rispetto al mandato che gli azionisti o gli elettori gli hanno dato. Dovrebbe in altre parole essere sufficientemente modesto e ragionevole da capire che, se ti occupi di un'azienda di scarpe, non necessariamente ti devi proporre di risolvere il problema della fame nel mondo; o che, se ti occupi di tecnologia, non è detto che la salvaguardia delle specie protette, dalla foca monaca all'orso polare, sia un tuo problema (come amministratore delegato, quantomeno; lo può essere a titolo personale, se sei animalista).

A costo di sembrare naïf, come consulente dei potenti o presunti tali, mi sentirei di consigliare loro di iniziare a fare bene il loro lavoro, nel rispetto delle leggi e della buona morale, pubblica e privata. Che mondo migliore avremmo se, giusto per fare un esempio, chi si occupa di business si occupasse di quello, e chi si occupa di politica non si occupasse di altro...

Ma sappiamo tutti molto bene che non sarà mai così, per lo stesso motivo per cui le fette biscottate si stampano sul pavimento sempre dal lato della marmellata, quando le lasci cadere.

Dalla torre d'avorio

La giornata trascorre frenetica ma, a farci un minimo l'abitudine, rapidamente anche gli eventi glamour diventano routine. Dopo i molteplici pasti arrivano i molteplici tè del pomeriggio e aperitivi *après ski*. Basta girare in città e qualche posto in cui infilarti, sia pure nell'ambito della cerchia (o bolgia?) dei "meno importanti", lo trovi sicuramente. Ero stato a Davos qualche anno fa, ma per sciare, a febbraio, e davvero faccio fatica a riconoscere lo stesso paesino di montagna dove dopo le 19 è tutto chiuso e nessuno va a passeggio, visto il freddo che fa.

A breve mi aspetta la cena, l'evento più importante della giornata, a cui devo partecipare anche per tenere una breve presentazione su una ricerca che ho curato sul futuro dell'*investment banking* globale, con commensali dai quattro continenti, della finanza e dell'industria. A pensarci bene, questo è l'altro elemento realmente positivo dell'enorme *get together* di Davos. Ci si trova con persone di diversa provenienza e background (professionale, culturale, religioso, linguistico) e si ragiona ad ampio respiro, quasi come in una torre d'avorio (a differenza del focus sul breve-brevissimo periodo che ormai domina le menti dei presunti leader globali, preoccupati come sono dei prossimi *quarterly reports*, i risultati finanziari trimestrali, o delle prossime elezioni).

Per tutta la settimana si discuterà, ad esempio, dello stato non brillante dell'economia mondiale (anche se il *mood*, la tendenza di pensiero complessiva che sta emergendo, è già decisamente più positiva rispetto agli anni passati, forse grazie al sole previsto per i prossimi 4 giorni). I politici argomenteranno che la cura migliore per uscire dalla crisi sarà la regolamentazione della finanza globale con norme più stringenti e un maggiore ruolo dello Stato nel mercato. I banchieri centrali sosterranno invece che molto dipende dalle scelte di politica monetaria e valutaria, e che i politici dovrebbero guardarsi dal cercare di influenzarle, e tantomeno dall'introdurre nuova regolamentazione, lasciando a loro la gestione del mercato "libero".

Gli economisti di professione proporranno poi una migliore teoria per spiegare perché la crisi mondiale sia avvenuta e perché non siano riusciti a prevederla (dimenticandosi di spiegare cosa dovrebbe adesso essere fatto per evitare il peggio e realizzare un futuro migliore). I manager dell'industria si lamenteranno quindi della speculazione selvaggia della finanza, e quelli della finanza della tendenza dell'industria a dimenticarsi dei finanziamenti che ancora devono essere ripagati. Infine, qualche imprenditore (specie quelli "ad alta tecnologia") sosterrà che la chiave di volta è vicina, a pochi bit di distanza, se solo ci fosse qualche miliardo di euro da spendere liberamente in ricerca e sviluppo.

Uno dei ragionamenti "da torre d'avorio" che trovo più interessante è proprio quest'ultimo. Ovvero, nel bel mezzo (ancora) della cattiva *governance*, della crisi del debito, della bassa crescita, eccetera, non è affatto chiaro quale sarà il prossimo punto di discontinuità dell'economia. Quale sarà, in altre parole, la prossima ruota o macchina a vapore, il prossimo pc o (perché no) il prossimo sanitario (il wc viene da molti identificato come una delle principali invenzioni della storia dell'umanità, capace di cambiarne radicalmente il destino e lo stile di vita, dall'imperatore Vespasiano ai giorni nostri)?

Molti sostengono che i *low-hanging fruits* (i frutti già maturi, appesi sui rami più bassi dell'innovazione e più facili da raccogliere) sono stati già colti e che ormai, con buona pace della digitalizzazione, delle nanotecnologie, delle stampanti 3D e del *fracking* dello *shale gas*, la strada verso le prossime discontinuità è tutta in salita.

Si noti peraltro che, a dover difendere la bandiera dell'economia italiana, proprio su questo punto dovremmo farci la punta al cervello. Solo discontinuità radicali possono permettere a chi opera in Italia di divenire "leader globale" (ormai è inevitabile, anch'io sto contribuendo all'uso inflazionistico del termine), a dispetto delle infrastrutture decrepite, delle tasse elevate, della scarsa flessibilità del costo del lavoro.

Se infatti oggi Apple vale più dell'intero sistema bancario europeo, non è per merito delle superstrade (solitamente ingolfate) della Silicon Valley, e neppure del fisco americano (leggermente più equo di quello europeo); ma di personalità come Steve Jobs, che sarà stato pure troppo assertivo, ma una visione di lungo periodo e qualche buona idea per realizzarla ce l'aveva.

Il meteorite, l'innovazione e la crescita

Terminata la cena, ho l'impressione che la discussione che, dopo il mio intervento, ho cercato di moderare sia stata molto animata e interessante e abbia offerto parecchie prospettive diverse, anche se una "ideona" d'impatto e di immediata realizzazione non ne è alla fine scaturita. Sarà certamente anche colpa dei troppi *wine and cheese tastings* che ormai annebbiano la mente di molti, me compreso. Saluto i commensali e mi avvio per un ultimo giro in città, sempre limitatamente all'area di accesso presidiata, che offre varie alternative di party post-cena.

Passare una settimana all'anno nella torre d'avorio a pensare può essere una buona idea, ma con il chiaro obiettivo di uscirsene con qualche idea brillante e pratica, innovativa e imprenditoriale, che serva a risolvere problemi rilevanti e attuali, anche se ci si dovesse arrivare per le vie traverse e spesso incidentali della *serendipity*.

Sempre incidentalmente, mi ritrovo nei pressi di un grand hotel in cui si celebra il party di una ex Repubblica sovietica che è adesso nel business del gas e del petrolio (quello delle ragazze "orso polare", per intenderci). Dev'essere un evento importante, perché faccio appena in tempo a vedere Dmitrij Anatol'evič Medvedev, primo ministro ed ex presidente russo, che se ne esce bellamente in giacca e camicia sbottonata (nonostante la temperatura sfiori i 20 gradi sottozero), circondato da guardie del corpo. Dopodiché se ne va su un'auto blindata, con tanto d'imponente scorta militare al seguito.

Entro a dare un'occhiata e, tra le luci multicolori che danno tono al grande salone, dall'odore d'alcol che immediatamente annuso mi rendo conto dell'elevato livello etilico (vodka *on-the-go*, più che *on the rocks*) che questo *get together* ha già raggiunto.

Ci sono molti banchieri d'affari, quasi tutti i più noti, e due famosissimi CEO di banche d'investimento di Wall Street, anche loro un pochino "allegri". Tanto che, pur non conoscendoli di persona, io e un mio collega americano ci fermiamo a salutarli dandogli la mano come se fossero vecchi amici (il collega giura che non si laverà la destra per almeno una settimana, in segno di rispetto e di umile gratitudine rivolta alla cieca fortuna).

Ci sono anche musicisti in abiti folcloristici che suonano canzoni locali e alcuni prestigiatori con cilindro e coniglio (della steppa, a giudicare dal pelo lungo). E ci sono ovviamente anche le ragazze-orso che, ora adeguatamente spellicciate all'interno del salone da ballo, mostrano appieno le loro qualità estetiche. Una di loro mi guarda insistentemente e poi, notato il colore degradante del mio badge da terzultima bolgia in basso a sinistra, passa oltre.

Ma mi sono distratto, stavo parlando della torre d'avorio e della necessità che il pensare al futuro preveda un elemento di urgenza...

Mi pare utile citare in proposito Andre Geim, vincitore del No-bel per la Fisica nel 2010, che si augura come questo esercizio da pensatoio, anche a Davos, si possa svolgere nell'attesa che un meteorite immaginario colpirà in un futuro non lontano quella stessa torre. Solo così i pensatori ivi rinchiusi saranno stimolati a inventarsi qualcosa di veramente rivoluzionario che li metta in condizione di deviare la traiettoria del meteorite.

Poi, certamente, qualche uomo di business (magari aiutato da un consulente) saprà trovarne una qualche applicazione com-merciale. In questa prospettiva (e qui è il mio spirito da consu-lente a parlare, quello che vede sempre il bicchiere mezzo pieno e l'opportunità di un progetto più bello, più interessante e più *transformational* di tutti i precedenti) noi italiani siamo parecchio fortunati.

Con tutte le meteoriti in arrivo già visibili nel cielo, dovremmo avere una probabilità di incubare la prossima discontinuità indu-striale molto più elevata della maggior parte dei paesi con cui ogni giorno competiamo.

A patto di trovare un nostro vero "leader globale", ovviamente.

La banca veste Prada:
perché il *digital wallet* è una grande opportunità per le aziende e per i consumatori, virtuali e locali

Francoforte e Liradebole

Mi ritrovo in taxi che sono appena le 8.30 di mattina lungo la Taunusanlage, nel pieno centro finanziario di Francoforte, capitale economica della Germania – e forse non solo di quella.

Poco lontano, scorgo il grattacielo della BCE, la Banca Centrale Europea, con la statua a forma di euro (nel senso del simbolo "€") appostata umilmente ai suoi piedi, come a dire "questo l'ho fatto io e guai a chi me lo tocca" (*whatever it takes*, costi quel che costi, per citare la famosa frase del governatore Draghi a cui è stato attribuito, credo giustamente, il salvataggio della moneta unica dopo la crisi degli spread sui titoli del debito pubblico).

Fuori, il cielo è plumbeo e non promette nulla di buono, e fa anche un freddo cane, molto più che a Milano, da cui sono partito questa mattina all'alba col solito volo delle 6.50, frequentato dai molti professionisti della finanza che, come me, hanno raramente la gioia di veder sorgere (o tramontare) il sole in Italia – almeno d'inverno e nonostante l'ora legale.

Sceso dal taxi ed entrato in un caffè nei pressi della moneta unica, rimango in attesa dei miei colleghi, l'uno da Londra e l'altro da Monaco. Sorseggio caffè americano bollente mordicchiando un brezel, una delle poche cose commestibili della cucina teutonica, a mio modesto avviso.

Abbiamo un meeting importante per le 9 e, visti gli interlocutori e la cultura del posto, non è ammesso presentarsi in ritardo. I colleghi arrivano nel giro di pochi minuti, e per le 8.50 siamo all'ingresso di un grattacielo che dà l'idea di "con chi abbiamo a che fare": solido e stabile, di vetro, cemento e acciaio, possente e maestoso, anche se certamente non creativo e tantomeno artistico.

33

Una receptionist dai capelli rossicci ci accoglie con fredda ed efficiente sollecitudine, registrandoci velocemente per la consegna dei badge d'ingresso. In realtà, dopo aver scorso i nostri passaporti (che ci verranno trattenuti fino alla riconsegna dei badge) ci guarda un po' strano, mentre ci invita, in tedesco (che peraltro i miei due colleghi comprendono e parlano correntemente), a seguirla oltre l'imponente atrio d'ingresso, verso la colonna centrale che ospita gli ascensori che ci porteranno ai piani più alti, non a caso utilizzati dall'alta direzione della banca.

Mentre osservo i pulsanti dell'ascensore, anch'essi giganteschi, solidi e ben visibili, sono colto da una strana sensazione di insicurezza, quasi una premonizione, come se ci fosse qualcosa che stona nella situazione che sto vivendo. È in effetti un meeting con una banca molto importante, con cui ho lavorato poco in passato e per giunta con top manager che non ho mai incontrato prima e che non so bene se conoscano la mia società e quel che ha fatto per altre banche o in altre industrie.

Tuttavia, ai meeting *cold call* come questo ("a doccia fredda", potremmo dire) dovrei essere abituato, dopo quasi vent'anni da consulente *on the road*. In fondo, di cancellate in faccia dai clienti ne ho prese tante, e un certo "mestiere" (chiamatelo *savoir-faire*, o meglio faccia tosta) dovrei averlo appreso. Quindi non ho motivo di preoccuparmi – cerco di convincermi.

La sensazione di disagio tuttavia non mi abbandona, anzi. Me ne rendo conto quando, avendo chiesto gentilmente alla receptionist-gendarme l'indicazione per una toilette, mi trovo a dover spingere con entrambe le braccia una porta d'accesso pesante come un blocco di marmo (è rivestita di marmo, in effetti). Anche i bagni danno l'idea della potenza di questa banca e di questo paese; persino il wc che sto apprestandomi a utilizzare sembra dirmi nella ruvida lingua locale: «Renditi bene conto di dove stai per...».

Terminata l'operazione, appena sfioro il rubinetto ad attivazione a raggi infrarossi, scorre un getto d'acqua forte ma misurato, che s'infila in un lavandino anch'esso di marmo e perfettamente lucido, con neppure una goccia fuori posto.

Mi ricordo di quando, consulente alle prime armi, al lavoro per una nota banca italiana che aveva immobili in zona EUR a Roma, mi ero ritrovato – letteralmente – con una delle scassate manopole del rubinetto in mano. In pochi minuti ero riuscito ad allagare i locali adibiti a toilette, danneggiandone ulteriormente le infrastrutture e i sanitari già corrosi dalla ruggine e dall'inevitabile trascorrere del tempo.

Ora mi asciugo le mani con un getto di aria bollente che si aziona automaticamente. Il processo richiede pochi secondi, 5 o 6 al massimo; non gli usuali 20 o 30 che avrei dovuto attendermi in Italia. Mi controllo un'ultima volta la cravatta e, facendomi coraggio, spingo di nuovo con tutta la forza di cui sono capace la solida e pesantissima porta d'uscita.

Ed è solo mentre cammino lungo il corridoio verso la sala riunioni dove a minuti il nostro meeting avrà luogo, che mi rendo conto delle motivazioni dell'inquietudine che mi ha accompagnato dal mio ingresso in quella banca. Un italiano (io), uno spagnolo per metà portoghese (il collega arrivato da Londra), e persino un greco (l'altro collega arrivato da Monaco, anche se, come tanti altri emigrati di quel paese, lavora in Germania da ormai molti anni): nel nostro team si condensano i quattro paesi PIGS (Portogallo, Italia, Grecia e Spagna) che, cappello in mano, stanno chiedendo alla Germania di salvare loro per salvare l'euro (o viceversa, la sostanza alla fine non cambia).

Gli spendaccioni e scialacquatori, i disorganizzati e artisti dell'espediente, i furbetti (nel senso della propensione a non pagare le tasse) e i pigri (nel senso della produttività, molto più bassa che da queste parti). Quattro "porcellini" che vengono a dare consigli a questa grande banca, simbolo dell'efficienza teutonica, della sua capacità di accumulare capitali e di renderli produttivi, di tenere tutto sotto controllo... almeno apparentemente.

Con quale credibilità, anzi presunzione, siamo venuti a bussare alla porta di Francoforte per proporci come *advisors* strategici e industriali, noi che abbiamo rovinato l'Europa, fatto quasi saltare l'euro, costretto la Banca Centrale (guidata da un italiano, contro il volere della Bundesbank tedesca) a soccorrere il sistema bancario stampando (sia pure indirettamente) moneta, distribuendo nuove finanze quasi gratis (leggi: LTRO – Long Term Refinancing Operations – per circa 1.100 miliardi di euro), e a promettere addirittura di fare "tutto quel che serve" (*whatever it takes*) per salvare l'euro?

Con quale faccia tosta ci presentiamo come questuanti (la questua è alla fine una parte molto rilevante dell'attività di vendita del consulente), proprio a Franco-forte, l'ex patria del Marco-forte, noi che siamo stati salvati dai tedeschi, e più di una volta, con la nostra Lira-debole?

Con l'inquietudine che aumenta al passare dei minuti d'attesa, prendo a scorrere nervosamente il documento di presentazione che ho portato con me. Già m'immagino lo sguardo sprezzante (o sconfortato, al meglio) del nostro ospite. O la solita battuta su Berlusconi e il bunga-bunga; o sugli spaghetti e il mandolino. Meglio poi non parlare di calcio, perché per ovvi motivi ce l'hanno con noi.

Insomma, dopo tanti discorsi su mondo "globale" e mercato del lavoro "senza frontiere", eccoci di nuovo alla bassa cucina dei localismi, del folclore, delle barzellette che iniziano con "ci sono un italiano, un francese, un inglese e un tedesco...". La nazionalità conta, altro che storie, almeno per il momento.

Le chance per un consulente italiano di vendere un progetto a un cliente tedesco sono basse (oggi più di qualche anno fa); sarebbero forse più elevate se si trattasse di un cliente albanese o cipriota. Peccato che quei paesi, oltre ad avere poche grandi banche, stiano in piedi con la stampella del Fondo Monetario Internazionale: ancora peggio di noi.

Eccoci di nuovo all'insopprimibile tentazione del luogo comune. Come farne una colpa a questi poveri tedeschi, d'altronde? Se fossi l'amministratore delegato di una banca italiana, con quale atteggiamento prevenuto ascolterei una proposta di consulenza strategica da parte di un *advisor* greco («ma se neppure siete in grado di pagare il debito pubblico...») o, peggio ancora, argentino («la pentola da suonare ce l'hai dentro la valigetta?»).

Ma dev'essere la mia giornata fortunata, evidentemente. L'ospite della banca, responsabile della Direzione strategica di gruppo, non è un teutonico rappresentante del Marco-forte, bensì una giovane donna di cittadinanza americana (gli americani sono tipicamente molto più aperti ad ascoltare la "creatività" e la vena "artistica" di quei simpatici mattacchioni degli italiani). Ed è anche molto carina, il che mi risolleva il morale e mi dà la giusta carica.

Mi ricorda anzi una delle mie attrici preferite (anche dal punto di vista estetico), e l'associazione di idee è quasi immediata: un nuovo modo per raccontare la mia proposta alla controparte, anch'essa afflitta – nonostante tutto – dall'inevitabile erosione del suo business tradizionale a causa dello sviluppo dilagante dell'*internet banking* e dall'eccesso di filiali (ormai vuote anche qui come in quasi tutti i paesi della vecchia Europa).

L'idea di "valorizzare le opportunità offerte dal *mobile banking* e dal *digital wallet* per incrementare la produttività commerciale della rete filiali del gruppo" (è il titolo della lunga e poco eccitante presentazione che ho preparato con i miei colleghi) diventa improvvisamente un nuovo slogan, un'immagine: un potenziale percorso emozionale certamente più d'impatto e appassionante del precedente. E che potrebbe toccare le corde più sensibili della controparte, suscitandone l'interesse a proseguire nella conversazione.

La mia controparte, infatti, non è più – per mero esercizio della mia fantasia – una brava top manager bancaria con alle spalle una quindicina d'anni di consulenza strategica e di banca d'affari, ma l'ancora più bella (con rispetto parlando) Anne Hathaway, protagonista di un film già assurto a mito, *Il Diavolo veste Prada*, con Meryl Streep nel ruolo dell'odiosa Miranda Priestly, direttrice incontrastata di "Runway". E la strategia proposta non è più quella di "valorizzare le opportunità... bla bla bla", ma quella di "vestire la banca con Prada" – subito dopo il Diavolo, ovviamente.

Richiuso il nitido documento la cui preparazione ha richiesto qualche notte di lavoro ai miei colleghi junior, senza consegnarlo alla mia ospite, decido di improvvisare e, con un tono di voce adesso più sicuro e brillante, inizio a parlare.

Quel tuo orribile maglione blu, anzi ceruleo

Nel *Diavolo veste Prada* – esordisco, cercando di guardare timidamente la mia ospite negli occhi – la giovane e bellissima ma provinciale Andrea "Andy" Sachs è una giornalista in erba alla sua prima esperienza nel mondo del lavoro. Andy non ha la minima inclinazione per il mondo della moda, né nasconde la sua ignoranza in merito.

Nonostante questo, accetta la proposta "diabolica" della potente ma anziana direttrice Miranda Priestly, della prestigiosa rivista "Runway", per una carriera veloce e senza compromessi (e mentre continuo a raccontare, immagino la mia ospite nei suoi primi anni di carriera, al lavoro per una nota società di consulenza strategica mia concorrente da sempre).

Andy sembra potersi difendere con la sua ingenuità di ragazza intellettualmente impegnata, non certo influenzabile, anche nel modo di vestire, dai protagonisti della *fashionable society* e della *glamorous way of life* di New York: dagli stilisti di firma agli atelier per vip, dalle case di moda di *affordable luxury* ai grandi magazzini e persino ai negozietti di cianfrusaglie di seconda mano di provincia.

Ma le sue difese sono in realtà solo una fragile apparenza – le dico, forse immaginandomi, glielo leggo negli occhi, una sua maggiore partecipazione emotiva alla presentazione, come se questa storia le ricordasse qualcosa. Tutto è in realtà determinato e controllato dalle persone come Miranda. Anche lo scialbo, stantio e improbabile maglione blu che indossa oggi, fa notare Miranda ad Andy – le dico, rivolgendo lo sguardo per un attimo al gilet di lana blu che indossa con l'inevitabile tailleur dello stesso colore – rappresenta non già la sua autodeterminazione, ma una scelta effettuata da altri (forse dalla stessa Miranda), in cima alla catena del valore e non necessariamente impegnati in alcuna fase "materiale".

«Tu pensi che questo non abbia nulla a che vedere con te, tu apri il tuo armadio e scegli, non lo so, quel maglioncino azzurro infeltrito, per esempio» dice Miranda ad Andy nel film. «Perché vuoi gridare al mondo che ti prendi troppo sul serio per curarti di cosa ti metti addosso, ma quello che non sai è che quel maglioncino non è semplicemente azzurro, non è turchese, non è lapis. In realtà è ceruleo. E sei anche allegramente inconsapevole del fatto che nel 2002 Oscar de la Renta ha realizzato una collezione di gonne cerulee e che poi è stato Yves Saint Laurent, se non sbaglio, a proporre giacche militari di color ceruleo. E che poi il ceruleo è rapidamente comparso nelle collezioni di otto diversi stilisti, dopodiché è arrivato poco a poco nei grandi magazzini, e alla fine si è infiltrato in qualche tragico angolo casual dove tu evidentemente l'hai pescato nel cesto delle occasioni. Tuttavia quell'azzurro rappresenta milioni di dollari e innumerevoli posti di lavoro, e siamo al limite del comico quando penso che tu sia convinta di aver fatto una scelta al di fuori delle proposte della moda, mentre in realtà indossi un golfino che è stato selezionato per te dalla persona qui presente in mezzo a una pila di roba!»

Insomma, anche Andy è indirizzata dalla scelta degli *opinion leaders*, degli *influencers*, dei designer che ne modificano i desideri, plasmandone il comportamento all'acquisto. E tutto ciò, anche se spaventa un poco, può risultare alla fine molto positivo, per lei come per tutti gli altri consumatori, se il Diavolo, cioè il Grande Fratello che agisce dietro tutto questo, è in grado di trasmettere un reale valore aggiunto, una soluzione pratica ai problemi piccoli e tuttavia urgenti della vita quotidiana.

Tutto questo potrebbe farlo la banca, con i suoi dati, le sue relazioni, le sue offerte di prodotti e servizi, con le sue filiali e grazie alle nuove tecnologie digitali.

M'interrompo un momento, per verificare la sua reazione. L'effetto sorpresa dell'incipit collegato al film è ormai esaurito. E così anche l'effetto di "personalizzazione" della storia, che adesso torna a suonare come "roba da consulente" con le solite storie, i soliti slogan commerciali, vuoti d'idee concrete e in realtà molto teorici.

Perché la banca non è il Diavolo – riprendo a dirle, pronto a giocarmi un'altra carta, ovvero quella dell'esemplificazione. Ma certamente il Diavolo è nel dettaglio.

E il particolare fa la differenza.

Il Diavolo è nel dettaglio (e il particolare fa la differenza)

Venerdì sera, ore 19 circa, quartiere Brera a Milano (così inizia la prima esemplificazione).

Marco ha appena terminato di lavorare e si avvicina a uno degli ATM all'angolo tra via Moscova e largo La Foppa per ritirare contante. Come cliente *prospect* di quella banca, consulta tramite menù le proposte del *deal of the day*: uno sconto per il ristorante giapponese lì vicino, se dovesse andare nelle prossime 2 ore (lo sconto sarà minore per le ore di punta 21-23); o una consumazione gratis per un aperitivo in un locale in voga sempre a due passi da lì, per il terzo amico che porterà; oppure due ingressi a prezzo speciale per una palestra molto *in* da consumarsi in quel weekend.

Fuori però è freddo e piove, e Marco sceglie di consultare la programmazione dei teatri in zona, e alla fine acquista due biglietti per quella sera, stampando direttamente il codice alfanumerico che potrà scambiare col biglietto all'entrata. E prima di concludere l'operazione acquista anche il libretto e il cd del musical che andrà a vedere, con consegna gratuita a casa (se sarà disposto a fornire indirizzo e numero di telefono).

Martedì pomeriggio, ore 16, Dubai Mall negli Emirati (procedo con la seconda esemplificazione).

Mona è in vacanza e utilizza, per la dodicesima volta in quell'estenuante giornata di shopping, la sua carta di credito. Un foulard della nuova linea di Hermès, che potrà avere con uno sconto significativo utilizzando i punti fedeltà accumulati negli ultimi mesi. Ha appena acquistato un cappotto per sua figlia: prodotto da una *fashion house* che non conosceva, ma di cui è stata informata via sms dalla sua banca, che sa che ha una bimba di 6 mesi e che si trovava a passeggiare al terzo piano del Mall, vicino al campo di hockey su ghiaccio.

Ancora un paio di regali e potrà raggiungere il marito sulla piazza del Burj Khalifa. Inoltre, ha con sé solo la sua carta e lo smartphone: nessun pacchetto, perché le verranno consegnati tutti – a costo zero – presso la filiale della sua banca internazionale al Cairo, in Egitto. Potrà anche consultare tutte le sue spese storiche e recenti, i suoi gradimenti registrati, e monitorare spedizione e tempi di consegna sempre attraverso la sua carta di credito.

Lunedì mattina, in un bar vicino alla torre dell'Orologio, a Praga (terza esemplificazione).

Veronika ha lanciato da un paio d'anni, insieme ad alcune socie, una linea di abiti per giovani donne lavoratrici: attive e impegnate, spesso in ambiti legati alla finanza e al diritto, spesso già mamme, il loro target è alla ricerca di tagli professionali ma comodi, con un qualche *flavour* italiano o francese, ma comunque attraente anche per le ragazze dell'Est più giovani, che forse ancora studiano.

Hanno aperto un primo punto vendita presso la centrale Wilsonova, a Praga, e poi altri due in zone più periferiche. Ma il rischio di non sviluppare immediatamente una base clienti è elevato, così come quello di sbagliare la prossima linea primavera-estate. Che dire poi dei loro sogni di svilupparsi anche al di fuori della capitale? Fortunatamente, stanno discutendo di come l'accordo realizzato con la loro banca le stia aiutando, con coupon digitali e azioni di micromarketing territoriale dedicato, a indirizzare il loro potenziale target.

Non solo. Attraverso un accordo stagionale, la banca ha concesso loro l'opportunità di promuovere e testare per una settimana, tramite piccoli spazi espositivi, la loro nuova linea nelle 350 filiali sparse per la Repubblica Ceca. Le clienti interessate potranno ordinare via web il capo, riceverlo, provarlo ed eventualmente cambiarlo presso la filiale, riducendo quindi il rischio dei resi fraudolenti.

Mercoledì mattina, a Londra, nei pressi di Bond Street (ecco il quarto esempio).

John ha lanciato da poco un business di storaggio centralizzato per gli operatori *small business* attivi nella zona centrale di Londra. L'idea è che i costi di affitto dei negozi nelle vie centrali sono così elevati che è meglio ridurre al minimo il magazzino dei singoli commercianti, centralizzandolo presso un magazzino unico ed eterogeneo situato in qualche zona periferica, ma con la garanzia di rifornimento entro 2 ore.

Hanno già un accordo con una trentina di negozi nella zona di Notting Hill, ma vorrebbero ampliarsi. Hanno quindi accettato una proposta della loro banca, che ha offerto loro ampi spazi a basso costo ricavati dai suoi stessi *back offices*, ormai liberati per oltre il 50%, nella zona dei *docks*, oltre Canary Wharf; aiutandoli anche nella proposizione dell'offerta ad altre controparti commerciali, ad esempio nella City finanziaria, in modo da ridurre i costi di trasporto. Stanno inoltre ragionando con la banca e con gli esercenti aderenti su come estendere l'utilizzo di tali spazi vuoti, così da creare un discount aperto alla clientela *retail* che venda a forte sconto i prodotti meno movimentati e più desueti del magazzino.

Giovedì, ore 12.30, lungo la Hochstrasse, a Francoforte (mi avvio a chiudere, unendo l'elemento dell'esemplificazione con quello della possibile personalizzazione).

Stephanie (è il nome della mia ospite, ma lo dico come se fosse un caso, un mero accidente) è nuova in città, essendosi trasferita lì da poco col marito. Sta guidando in direzione del centro, dove dovrebbe incontrare un potenziale cliente per pranzo. Fortunatamente è stata avvertita via smartphone del blocco stradale che avrebbe trovato sul ponte dell'Alte Brücke sul Meno, ed è anche riuscita a organizzarsi per un servizio di *baby driving* all'ultimo minuto (un servizio di minibus specializzato che accompagnerà i suoi figli in piscina per il turno delle 14.30).

I servizi di *utility* offerti dalla sua banca tramite smartphone e geolocalizzatore la aiutano adesso a trovare un parcheggio e le consigliano dei ristoranti lì vicino, alcuni dei quali convenzionati con la banca e quindi a tariffa speciale. Accoglieranno lei e il suo ospite come se fossero clienti da anni, anche se non ci sono mai stati. La sua foto inviata dalla banca faciliterà il riconoscimento. E se il pranzo andrà bene, Stephanie potrà fare due passi col suo ospite fino alla filiale vicina, dove saranno accolti da un assistente che li farà accomodare in una meeting room con tutte le *facilities* di business necessarie, a cominciare da un buon caffè.

Riprendo fiato, convinto che le storie raccontate, in buona parte di fantasia ma quantomeno verosimili, abbiano avuto un effetto più memorabile delle 100 slide piene di numeri, analisi di *benchmarking* e valutazioni dei punti di forza/debolezza che avrei potuto pedissequamente presentarle.

Sono troppo vecchio del mestiere per tutto questo, e forse anche lei.

Un Prada su misura per la banca o un'uniforme anonima?

Dopo l'incipit originale e lo slogan facilmente orecchiabile, la personalizzazione tesa a coinvolgere emotivamente la mia ospite e a renderla partecipe, attraverso una sequenza di emozioni e di immagini ben comprensibili, della *fabula* che le sto raccontando, e dopo un buon numero di esemplificazioni che facciano apparire quest'ultima concreta e realizzabile, è adesso il momento di tornare dal particolare al generale. Di costruire, adesso sì, un modello teorico-interpretativo di riferimento che possa idealmente trasformare in legge generale l'intuizione induttiva iniziale e la successiva esemplificazione deduttiva dei casi particolari.

Potranno giocare le banche il ruolo della potentissima e diabolica Miranda Priestly e della sua rivista? – le chiedo, ovviamente in modo retorico, dato che sono venuto apposta da Milano per raccontare a lei, top manager di una delle più grandi banche al mondo, proprio quella storia.

Potranno le banche influenzare il percorso di consumo di qualsiasi tipologia di cliente: dai vip alla ricerca di glamour ed esclusività, agli *affluents* attenti alla moda ma nell'ottica dell'*affordable luxury*, ai mass market per necessità o per scelta e virtù (come nel caso della bellissima e malvestita Andy)? – proseguo nella più classica delle "argomentazioni per domande successive" a cui abbiamo già dato risposta positiva attraverso le premesse condivise con l'interlocutore.

Potranno le banche influenzare anche il percorso di design, sviluppo, produzione e distribuzione di una qualsiasi tipologia di prodotto e servizio, per ogni categoria merceologica e, potenzialmente, per qualsiasi ambito dimensionale della controparte (*large* o *mid-corporate*, *small business* e piccolo operatore economico)? – chiedo riprendendo l'idea induttiva iniziale.

Potranno le banche sviluppare il loro business dalla mera intermediazione di soldi (raccolgo depositi, faccio crediti e ottengo uno spread, o utile operativo, una volta nettato dei costi operativi e del credito) a quella indirizzata a "qualsiasi" categoria merceologica non finanziaria e finalizzata ad accrescere il proprio ruolo nel *global share of wallet* del consumatore? – questo è uno dei miei cavalli di battaglia.

Potranno le banche fare tutto ciò utilizzando non più come fattore produttivo fondamentale il rischio, ma l'informazione sui desiderata del consumatore e sui suoi *patterns* passati di consumo (ama il teatro e i musical, o lo shopping di lusso), sulla sua specifica localizzazione spaziotemporale (è in Main Street ed è ora di cena, o in Bank Street ed è ora di pranzo), sulle capacità produttive/distributive non utilizzate (i tavoli vuoti del ristorante, i prodotti a lento rigiro del magazzino *back office*) e su altri elementi di *utility* rilevanti (pioverà in serata, c'è traffico sul ponte, ci sono posti presso il parcheggio sotterraneo)? – in quest'ultimo passaggio, il collegamento con le precedenti esemplificazioni dà il senso del continuum del ragionamento, conferendogli ulteriore forza ed esaustività. Abbiamo quadrato il tutto.

Potranno, in altre parole, le banche influenzare anche la scelta del maglione blu che forse, come consumatori, stiamo già indossando e con meno classe di Anne Hathaway? – le chiedo guardandola nuovamente negli occhi, dopo aver sfiorato con lo sguardo il gilet "ceruleo" che molto elegantemente indossa.

Una buona idea deve fare soldi, altrimenti non lo è

Stephanie, la top manager della grande banca tedesca che sto incontrando oggi, ha una lunga esperienza professionale alle spalle, dall'America all'Europa al Medio Oriente. Oltre ad aver lavorato per una notissima società di consulenza e, adesso, per un'altrettanto nota banca commerciale, ha fatto anche la gavetta in banca d'affari.

«Una buona idea, per essere buona, deve anche fare soldi» mi dice, interrompendo per un momento la mia rappresentazione. «Altrimenti non è buona. O è buona solo per farci un libro» (che abbia verificato prima sul web, per informarsi su chi avrebbe incontrato quella mattina?).

Poi inizia a enucleare alcuni commenti, molto puntuali e ragionevoli, sulle cose che ho detto, per evidenziare le difficoltà operative, i limiti regolamentari, i rischi reputazionali, eccetera, connessi all'eventuale messa in opera dell'idea (o sogno?) che sto cercando di "venderle". Ma è soprattutto la prima battuta (quella sul fare soldi) che ha una sua valenza e merita di essere approfondita.

Mi prendo una pausa di pochi secondi, per avere il tempo di elaborare una risposta strutturata e compiuta, non affrettata e *confrontational* (non avrebbe senso cercare di dimostrare a tutti i costi che ho ragione io: alla fine è lei la cliente e, com'è noto, il cliente ha sempre ragione).

Riprendo a parlare, proseguendo il ragionamento logico, ma cambiando strategia comunicativa. La serie di domande che racchiudono in sé non solo la risposta, ma la stessa confutazione di quanto predicato (è proprio il caso di dirlo) da alcuni miei *competitors* (tra i quali la sua ex società di provenienza), cede ora il passo alla proposizione di una nuova opinione compiuta, che è forse molto di più: un modello interpretativo della realtà, a volergli dare il peso che gli spetta.

Prendiamo alcuni dei punti di vista (o paradigmi) oggi maggiormente considerati – comincio a esporle, riferendomi ad alcune delle sue obiezioni precedenti. Li enumero con le dita della mano destra, per dare ancor più vigore alla comunicazione.

Uno. La digitalizzazione dei servizi bancari condurrà alla globalizzazione del business e alla ridondanza di filiali, che dovranno essere ridotte o chiuse in gran numero.

Due. Il *mobile banking* è soprattutto *contactless payment* e la certezza di poter pagare facilmente e in sicurezza, con il minimo utilizzo di contante, ad esempio tramite smartphone.

Tre. Il *digital wallet* è legato soprattutto all'opportunità di generare commissioni pubblicitarie o altri ricavi dalla vendita dei dati proprietari ad altri operatori.

Quattro. La scala degli investimenti necessari è molto elevata e deve essere presidiata internamente dalla banca per dare garanzia sulla sicurezza delle transazioni.

Cinque. In ogni caso, in questo gioco competitivo, la banca è svantaggiata rispetto agli operatori digitali *pure players*, perché non può garantire la stessa proattività e innovazione.

Sei (e lo dico ovviamente non a chiusura logica dell'argomentazione critica, ma solo per sdrammatizzare). Il maglione blu lo ha scelto il designer, o la fabbrica che lo ha prodotto, o il grande magazzino che lo ha venduto. La banca potrà vestire al massimo un'anonima uniforme.

Noi non la pensiamo così – mi avvio alla conclusione del ragionamento, senza accennare ancora al fatto che intendo rispondere al suo primo commento, sull'idea buona che deve fare soldi.

Ogni paradigma è di fatto "socialmente determinato" – dico, citando Marcussen – e il suo superamento rappresenta il primo passo verso forme di innovazione in discontinuità. Per questo la banca potrà "vestire Prada" per superare i limiti ormai noti dell'attuale modello di business, da acciaieria del secondo dopoguerra e non certo da atelier di moda. Un modello di business ancora basato sull'intermediazione creditizia (spesso senza averne più i denari), sull'assunzione di rischi (senza averne sempre le competenze) e sull'offerta di servizi di incasso e pagamento (destinati presto a essere spiazzati dalle nuove applicazioni digitali).

La banca potrà vestire Prada senza essere necessariamente "diabolica", potendo anzi perseguire la massimizzazione della propria redditività, perché potrà così ottenere retrocessioni da chi produce maglioni e quant'altro, e altre commissioni di pubblicità per la promozione che attiverà presso i propri canali digitali e le filiali fisiche, che potrà anche in parte affittare per creare spazi espositivi *touch and feel* o punti di consegna e prova dei beni comprati via web.

In questo modo realizzerà veramente il miglior interesse per la propria clientela, ottimizzandone la fidelizzazione nel tempo – aggiungo con una frase un po' buonista e certamente scontata, ma che non ci sta mai male, giusto per sgombrare il campo da eventuali dubbi circa la natura "maligna" di quello che, sviluppando la discussione, le sto proponendo.

L'avvocato del Diavolo e le nuove invarianze competitive

Riprendo la mia presentazione avviandomi alla conclusione, cercando di rendere coerente l'ordine dei punti propositivi con quelli relativi alla critica dei concorrenti appena esposti.

Uno. La digitalizzazione è un fenomeno globale, che realizzerà appieno i propri benefici rilocalizzandosi a livello di microterritorio, valorizzando in modi nuovi e a valore aggiunto la filiale, non più "casa del credito/del contante" ma punto vendita olistico, capace di competere con i punti vendita di ogni altro operatore di Main Street (la via delle vetrine eleganti, per dirla all'americana). Internet non rappresenta dunque la "morte della distanza", come scriveva qualche anno fa l'"Economist", ma la sua riqualificazione spaziotemporale secondo modalità inedite e a valore aggiunto. La digitalizzazione permetterà a tutti di vivere meglio *hic et nunc*, qui e ora.

Due. Il *mobile banking* è soprattutto *mobile shopping*: olistico (su tutte le categorie merceologiche), personalizzato (sulla base dei *patterns* e dei bisogni del cliente), sociale (interattivo con gli amici e con gli *affinity groups* su gradimento, segnalazioni, occasioni), economico (deve offrire *value for money*, ovvero sconti e risparmio oltre che scelta). E il valore aggiunto del *contactless payment* è quasi irrilevante, anzi limitato rispetto agli investimenti richiesti: difficilmente differenziante per alcuno. Rilevante sarà invece il vantaggio di chi per primo saprà aggregare, online e offline, network importanti di consumatori e di produttori/distributori, in forma "sociale" e non solo consumeristica. Ed è ovvio il vantaggio delle banche nel poter aggregare clienti (che hanno già) e *small business* e *corporate* (i piccoli operatori economici e le medie imprese, che sono pure spesso clienti), con un taglio locale e da *brick and mortar* (potendo, con i gruppi di filiali *hub and spoke*, coordinare le interazioni sociali e di business a livello microterritoriale). Funzionerebbe meglio, nel ruolo di "procuratore olistico delle opportunità di marketing e di vendita", un nuovo gestore inviato a visitare gli esercenti del quartiere (il ristorante, il negozio di moda, la libreria) da Google o da FourSquare, o il responsabile della filiale dello stesso quartiere, che già li conosce (e spesso finanzia) tutti?

Tre. Il *digital wallet* è soprattutto legato alla capacità di risolvere *hard problems* (problemi complessi, rilevanti e urgenti) per il consumatore ma anche per le piccole e medie imprese, sia di carattere generico e ricorrente (il meteo di lì a 2 ore, il traffico verso casa, il parcheggio disponibile, il treno in ritardo, il servizio di *babysitting* per quel quartiere; ovvero le previsioni di traffico per quella via nei prossimi giorni, segmentato per ore, eccetera), sia di carattere specifico (voglio massimizzare la mia *entertainment experience* per questa sera al minimo costo; voglio fare shopping prenatalizio senza preoccuparmi della consegna e ricordandomi di "cosa ho regalato a chi" nei 3 anni precedenti; voglio sviluppare il mio business senza dovermi creare nuovi punti vendita o di produzione e magazzinaggio; voglio ottimizzare l'utilizzo e il *pricing* dei tavoli del mio ristorante, in funzione delle ore della serata e dell'andamento del traffico; voglio avviare o consolidare un'attività commerciale con specifiche azioni di micromarketing sul territorio e su un target di clienti già preselezionati; voglio testare il mercato potenziale con iniziative di *test and learn* veloci e su ampia scala; voglio ridurre i rischi e i vincoli dell'e-commerce, e via dicendo).

Quattro. La scala degli investimenti è limitata, e la strategia di sviluppo della banca deve valorizzare ogni singola componente di costo e d'investimento che è *sunk*, ovvero già sostenuta, andata, irrecuperabile. Non solo le banche hanno già un brand reputato, sistemi informativi di base e di pagamento e consegna evoluti, e una rete di *points of sales* (le filiali e gli ATM, Automated Teller Machine, in Italia più noti come bancomat) pronta all'uso. Ma le stesse funzionalità aggiuntive devono poter essere offerte anche tramite l'aggregazione intelligente delle *utilities* che sono già disponibili gratis su rete (il meteo, il traffico, gli eventi, la geolocalizzazione via cellulare) e di altri servizi di gestione proattiva del *digital wallet* fruibili in *service* da operatori terzi... perché non necessariamente "fare in casa" è meglio.

Cinque. Gli operatori digitali sono certo abituati a tempi di innovazione e di sfruttamento brucianti, e ad approcci di sviluppo e *test and learn* molto sofisticati ed efficaci. Ma partono da posizioni parecchio sfavorevoli (sui sistemi di pagamento, rispetto al bacino di clienti da raggiungere nella vecchia Europa e nel Medio Oriente) e da una percezione del brand spesso contraddistinta da *trust* limitato. Le grandi *majors* delle carte di credito partono piuttosto da posizioni di forza sui sistemi di pagamento e sulla percezione di *trust* e sicurezza, ma a differenza delle banche commerciali non possono disporre di una rete fisica capillare di punti vendita, il vero elemento competitivo delle "vecchie filiali" che deve essere valorizzato dalla banca del futuro.

Sei. La banca potrà non solo influenzare, come Miranda, la scelta del maglione blu disegnato da qualche stilista, prodotto da qualche maglieria e distribuito da qualche grande magazzino (e comprato infine da una cliente della banca); ma potrà soprattutto (a differenza della diabolica Miranda) fornire reale valore aggiunto, contribuendo alla personalizzazione dell'offerta rispetto ai bisogni del singolo cliente, all'ottimizzazione dei costi produttivi e distributivi (ovvero alla produttività dell'economia allargata), all'ottenimento insomma di *value for money* per i consumatori e di un migliore ritorno sull'investimento per le piccole e medie imprese aggregate e servite.

La banca può "vestire Prada" e per il bene dei propri clienti e per quello dell'economia. E deve farlo prima che altri operatori misti *brick and mortar* (i *telecom providers*, i *retailers* della grande distribuzione organizzata) lo facciano meglio, nonostante i vantaggi competitivi di cui gode.

La banca del futuro come Grande Sorella?

L'incontro con la top manager della grande banca europea è terminato. Credo sia andato abbastanza bene, anche se non ho raccolto nulla di concreto: non un nuovo progetto, e neppure una richiesta di offerta o di prossimi passi operativi in quella direzione.

Spero tuttavia di aver suscitato una qualche emozione degna di nota che convinca la mia interlocutrice a concedermi, magari tra qualche settimana, un nuovo incontro, o a segnalarmi a qualche suo collega che più specificatamente potrebbe approfondire il ragionamento (e l'immancabile proposta di collaborazione, quella sì, almeno a livello subliminale, è sempre pronta nella mente di ogni buon consulente, visto che "un'idea buona deve fare soldi, altrimenti non è buona").

È ormai ora di pranzo e, vista la quasi assoluta inesistenza di bar o ristoranti nel quartiere degli affari di Francoforte, sono costretto a prendere un taxi fino agli uffici (leggermente decentrati) di un fondo di *private equity* americano di cui sono *senior advisor*, dove mi ospiteranno per le prime ore del pomeriggio (ho un incontro successivo alle 17, e la mia società di consulenza non ha uffici a Francoforte).

Dopo una pizza improbabile (circa 40 centimetri di diametro) da un ristoratore che si dichiara "itagliano" (il suo piatto forte sono gli "spaketti und rakù bulogneze", o qualcosa del genere), salgo al ventesimo piano di questo strano grattacielo a forma di supposta (anzi di suppostina, visto l'inevitabile confronto con il più rilevante omologo di Londra situato nei pressi del Castello e del ponte della Regina).

Dal mio ufficio, tutto a vetrate, si ha un'ampia vista sul Meno, che scorre lento e melmoso, freddo persino allo sguardo. Ci sono anche alcune villette con attracco privato e parecchie barche e qualche miniyacht ormeggiati. Il quadretto fa quasi tenerezza.

Qui tutto sembra un po' Canary Wharf, il quartiere d'affari di Londra, ma parecchio più *low profile*: sono più piccoli i grattacieli a supposta, le villette e le barchette. E poi soprattutto il fiume. Non tanto in larghezza (non saprei giudicare) o in lunghezza (non saprei ricordare), ma nell'entusiasmo e nell'allegria che ti ispira. Non che il Tamigi ricordi Copacabana e neppure la Sardegna, ma almeno dà l'idea di cosa si potrebbe fare di divertente a fine pomeriggio e in serata, dopo il lavoro. Qui invece il Meno, come dice il nome stesso, ispira al massimo la voglia di chiudersi in ufficio a lavorare. E così faccio, in effetti.

La banca del futuro dovrà saper evolvere la propria offerta oltre il credito e la finanza – inizio a scrivere, preparando un breve memo di ringraziamento alla mia ospite per l'incontro del mattino.

L'ancora lungo processo di *deleveraging* (riduzione dei crediti) e *derisking* (riduzione dei rischi), e di parallela ricapitalizzazione, potrà essere accompagnato da ulteriori esercizi di taglio dei costi: nuovi licenziamenti, ulteriori chiusure di filiali e *outsourcing* dell'ICT (Information and Communication Technology) e del *back office*. Ovvero, potrà essere caratterizzato da una riconversione commerciale delle *capabilities* della banca: dalle competenze di produzione alla gestione degli spazi fisici e dei portafogli relazionali, realizzata a partire da un migliore utilizzo delle informazioni e delle opportunità offerte dall'innovazione digitale. Il successo della riconversione della banca da mera intermediatrice di denaro a *entertainment and shopping solution advisor* potrà giocarsi sul relativo livello di ambizione della sua strategia, o sulla velocità e qualità di esecuzione.

In ogni caso, la banca del futuro dovrà giocare una partita senza esclusione di colpi, con l'aspettativa di trovarsi a competere con molti altri operatori, digitali e non solo di natura bancaria. Il modello vincente potrà essere caratterizzato dalla sua capacità di risolvere, attraverso un sapiente mix di elementi digitali (potenzialmente globali) e di caratterizzazione fisica (più tipicamente locale), alcuni *hard problems* rilevanti per il consumatore, mettendo in rete e articolando coerentemente su base territoriale la molteplicità di *small business* e di imprese che si renderà necessario attivare a tal fine.

Dunque, una nuova banca "Grande Sorella" capace di intuire, analizzare, strutturare e soddisfare i desiderata dei suoi clienti target, *retail* e *corporate*, famiglie e imprese, ponendoli in contatto tra loro attraverso modalità di marketing e *profiling* più evolute ed efficaci/efficienti, ma anche più intrusive nella privacy di ognuno di noi?

Il punto è rilevante, potendo determinare, con ogni probabilità, la sostenibilità del successo del modello nel medio-lungo periodo. La soluzione al problema, da un punto di vista macro e microeconomico, e anche etico e morale, ci appare chiara – continuo a scrivere, usando sempre, per eleganza, il plurale – anche se non necessariamente facile da implementare, in un mondo reale caratterizzato dalla molteplicità dei vincoli e dei *tradeoffs* e dagli interessi imperanti dei singoli e delle istituzioni orientate al brevissimo periodo.

In primo luogo, l'utilizzo dei dati e delle informazioni della clientela, oltre a rispettare le diverse leggi sulla privacy vigenti nelle varie giurisdizioni, dovrà richiedere l'ancor più stringente ed esplicita accettazione da parte del consumatore e la possibilità di decidere quali dati rendere fruibili a terzi e quali no.

In secondo luogo, la proposizione di specifiche azioni di marketing, dal menù a chiamata sull'ATM alla mail con coupon allegato, all'sms di avviso di un *deal* pubblicizzato, lungi dall'infastidire il consumatore, dovrà permettergli un'attivazione dinamica (*switch off* quando non desideriamo ricevere opportunità commerciali o *utilities*).

Infine, al di là del rispetto della legge, delle prassi di buona gestione relazionale e di sensibilità commerciale, sarà fondamentale giustificare la quota di valore aggiunto di cui la banca (o chi altri riuscirà nell'intento) si approprierà, attraverso il pagamento di commissioni pubblicitarie per *banner* o *listing*, il *rebate* collegato alla transazione, il subaffitto di parte dei suoi stabili di *front* e *back office* e l'inevitabile *cross-selling* (in questo caso sì, piuttosto mirato) di prodotti bancari e assicurativi.

In altre parole, il modello dovrà dimostrare di offrire soluzioni efficaci/efficienti per problemi rilevanti e complessi del cliente finale, riducendone oltretutto la spesa, secondo un concetto di "valore per la soluzione" e di "valore per il denaro speso".

E dovrà dimostrare di poter realizzare efficienze allocative e di processo, produttive e distributive, macro e microeconomiche, riferite a *small business* e piccole e medie imprese di cui si farà intermediaria: aumentandone la produttività e le possibilità di crescita e di redditività, pur in presenza di risorse scarse e in contesti economici a crescita debole o recessivi.

Guardo nuovamente oltre le vetrate del mio ufficio, e il Meno, in pochi minuti, pare già scomparire in un gioco di dissolvenze incrociate per effetto della luce che si affievolisce (siamo in pieno inverno) e della foschia che sale lentamente dalle sue acque grigie.

Forse c'è davvero un valore, per dirla alla Miranda/Meryl Streep, nel maglione ceruleo che oggi indossiamo, per quanto improbabile questo ci possa apparire – riprendo a scrivere, cercando l'ispirazione per una chiusura a effetto per la mia affascinante interlocutrice.

Perché il designer si è focalizzato nella creazione di capi d'abbigliamento più vicini alle nostre esigenze, e le maglierie hanno realizzato tessuti, forme e colori coerentemente con questa visione, riducendo lo spreco delle risorse in input (dalla lana alle tinte colorate) e massimizzando l'impiego utile delle macchine e degli addetti; e perché, infine, anche i grandi magazzini hanno ottimizzato lo spazio espositivo e hanno ridotto il *time to market* di quello che in effetti cercavamo (forse, senza neppure saperlo).

Le banche e il sistema finanziario globale, d'altronde, sono nati per assicurare l'efficiente allocazione delle risorse scarse nell'economia: indirettamente, nel passato, attraverso il credito e la finanza; forse più direttamente, attraverso la gestione del *digital wallet* del consumatore e l'utilizzo intelligente delle proprie filiali come punti vendita, in futuro.

La sfida è importante, e i rischi di carattere reputazionale niente affatto banali. Qualcuno potrebbe trovarsi un giorno a fare causa alla banca per un maglione infeltrito, invece che per un derivato speculativo venduto come finta copertura. O per un blu non molto alla moda, o per niente ceruleo, invece che per una polizza assicurativa sulla vita con strutture sottostanti da *hedge fund*.

D'altronde – come ne dà ampia evidenza Andy/Anne Hathaway, e qui chiudo la mia mail con un sorriso pensando proprio a lei – non è solo il vestito a fare la bella donna.

Anche se certamente aiuta.

Banchieri d'affari:
dagli steroidi al *fair play* e la lunga strada
per riscoprire il valore, industrializzando il settore

Da Clemson a Wall Street

La prima volta che sono capitato a Wall Street avevo 26 anni.

Avevo appena terminato il mio agognato MBA, una sorta di laurea di secondo grado per manager con l'ambizione di divenire top manager, ovvero destinati – si diceva ai tempi – a una rapida e luminosa carriera (oggi l'MBA è più spesso utilizzato come parcheggio eccellente per gli *ex* top manager, rimasti senza lavoro e disperatamente impegnati a trovarsi anche una modesta occupazione come *mid* o *low managers*).

Io al master in America ci sono arrivato dalla porta di servizio: conseguita la laurea in Economia politica a Bologna, sapevo ben poco d'inglese, non avevo esperienze di lavoro (non considerando degna del curriculum la raccolta stagionale della frutta, o la vendita porta a porta di polizze assicurative) ed ero internazionale solo nelle aspirazioni.

Oltre alle carenze nella lingua, nelle esperienze di lavoro e in ambito internazionale, il principale problema era rappresentato dal fatto che ero senza una lira (ai tempi esisteva quella) e quindi non avevo nessuna chance di poter aspirare a entrare in uno dei top MBA americani: da Harvard al MIT di Boston, da Stanford alla UCLA in California, da Chicago a New York, solo per citare alcuni dei più noti e facendo torto a molti altri.

Infatti, per partecipare agli MBA erano e sono previste selezioni molto rigorose, con tanto di test di intelligenza analitica, deduttiva e induttiva (il famoso GMAT, Graduate Management Admission Test) e di "lettere di raccomandazione" (nel mondo anglosassone questa è una prassi professionale diffusissima: il tuo professore o datore di lavoro dà un giudizio su di te, scrivendolo e inviandolo in busta chiusa al richiedente; non si tratta di nepotismo all'italiana, dove la raccomandazione equivale a una richiesta di favore, ovviamente in cambio di qualcos'altro).

Ma soprattutto erano richiesti ai tempi un centinaio di milioni solo per le tasse da pagare all'università, oltre a vitto e alloggio, che in quei campus non è esattamente gratis. Visto che quella cifra valeva forse, più o meno, quanto la casa dei miei genitori dove ancora abitavo (da buon bamboccione italiano, direbbe qualcuno... ma averla, l'opportunità economica di andarsene di casa, direbbero altri), in alternativa alla vendita all'asta della casa, avevo preferito cercare di ottenere una borsa di studio, che con un po' di fortuna e molto sudore (e il solito GMAT) era alla fine arrivata dal Fondo Sociale Europeo.

A pensarci bene, quello è stato un evento che mi ha cambiato la vita, e posso dirlo con gratitudine quasi vent'anni dopo, visto che mi ha dato l'opportunità di conseguire un MBA (che ancora pochi anni prima avrei confuso con le telecronache di Dan Peterson delle partite di basket dell'NBA): tasse universitarie, vitto e alloggio, viaggi e persino libri gratis, tutto pagato per un anno di studio non-stop e super intensivo (di solito gli MBA si svolgono in 2 anni, con la consueta pausa estiva).

Certo, non ero capitato a Harvard o a Stanford, e nemmeno a Chicago o New York, visto che la borsa di studio era convenzionata con una sconosciuta Università del South Carolina, a Clemson, a un centinaio di chilometri da Atlanta. Nota agli americani per le "tigri" della squadra di football americano e non certo per l'MBA.

Un mio collega di master bocconiano (io non lo sono, mi sono laureato all'Università di Bologna e – lo puntualizzo giusto per evitare incomprensioni e non finire citato per diffamazione tra qualche anno – sono diventato professore a contratto di Sistemi finanziari della rinomata università milanese solo molti anni dopo) mi aveva detto che «Harvard sta alla Bocconi come l'Università di Clemson sta a quella di Campobasso»... Lo aveva detto con un po' di puzza sotto il naso, ma anche con molto realismo: eravamo alla periferia dell'impero capitalista americano, nel profondo Sud dove nemmeno un inglese DOC capirebbe quello che dice la gente del posto, visto il pesante accento da *Via col vento* (o da *Capanna dello zio Tom*).

Come lamentarsi, d'altronde, visto che era tutto gratis, una vera manna, un'opportunità per uscire dalla provincia italiana, che è provincia della provincia americana?

Ma come sono arrivato poi da Clemson a Wall Street?

Visto il pedigree (scarso) e il periodo (difficile: eravamo nel 1994, ai tempi della recessione precedente la grande crisi del 2008), a Wall Street da Clemson ci ero arrivato, la prima volta, in auto (a noleggio) e non purtroppo per motivi di business, ma per una semplice vacanza nell'intervallo tra gli ultimi due *terms* del programma di master.

Parcheggiata l'auto nel quartiere-città del Queens, per arrivare a Manhattan avevo preso prima l'autobus e poi il metrò, chiedendo indicazioni per la nota strada, mitico simbolo della finanza internazionale e delle banche d'affari: della gente che gira con bretelle, sigaro e gessato, con un whisky in una mano e un cellulare (magari enorme, come quello utilizzato da Michael Douglas in *Wall Street*) nell'altra.

Una via così nota al mondo che ci si dimentica spesso che da quelle parti c'è veramente poco, molto poco da vedere, quasi nulla, se non i soliti grattacieli e qualche giardinetto pubblico piccolo e brutto. Insomma, a Wall Street non c'è niente da vedere o fotografare, a parte la statua del "toro di bronzo", bello rampante, che trasuda arroganza mista a ormoni, e che in gergo finanziario significa mercati crescenti e prezzi in continua ascesa. Per il resto ci sono solo palazzi e grattacieli, tutti piuttosto uguali e che al povero turista non dicono granché.

Dopo quella prima deludente esperienza, non ancora convinto del fatto che era forse meglio lasciar stare, terminato il master e rientrato in Italia, ho provato a fare *applications* (mandando un curriculum e facendo richiesta di assunzione) a tutte le banche d'affari italiane e internazionali di questo mondo, dalla serie A alla C2. Tipicamente senza ricevere risposta (a parte quella standard di alcune, che diceva: "Ringraziandola dell'interessamento, ci dispiace informarla che..."), e senza avere neppure una possibilità di colloquio.

Allora ho dovuto ripiegare sulla revisione e certificazione aziendale, uno dei pochi settori che a quei tempi (grami) ancora assumevano neolaureati senza esperienza o senza uno "Harvard" (o Yale, Stanford, Wharton) nell'intestazione dell'MBA. Dopo appena un anno da "contatore di fagioli" (*bean counter*, come sono chiamati in gergo gli *auditors*), sono poi passato alla consulenza. E solo dopo 13 anni di rapida e inattesa carriera nell'*advisory* strategico-industriale ho avuto l'opportunità di fare il mio primo vero e proprio colloquio con una banca d'affari.

Ricordo ancora la scena del mio arrivo in Bank Street (un nome, un programma) a Canary Wharf, a Londra, presso la Isle of Dogs ("l'isola dei cani selvaggi" su cui il quartiere di Canary è stato costruito). Avevo pernottato in un hotel posto di fronte all'isola, dall'altra parte del Tamigi. Ricordo il lento avvicinamento del traghetto pieno di pendolari lungo il fiume scuro e melmoso e ancora caratterizzato, alle prime ore dell'alba, dalla bassa marea.

E ricordo la mia prima impressione di Canary Wharf come città fantasma, per quanto fittamente popolata da una moltitudine di gente in giacca e cravatta, impegnata a camminare il più velocemente possibile dal metrò a un grattacielo, o da un edificio all'altro.

Ricordo infine quando sono salito al trentunesimo piano della banca di cui avrei dovuto incontrare il responsabile dell'*investment banking* europeo: l'ampio salone d'aspetto, i galeoni ai lati come soprammobili, i quadri d'epoca e la vista sul resto di Londra e sulla piazza sottostante "a sbalzo" (da vertigine, a quell'altezza).

Quel colloquio era un bel salto in avanti rispetto a Clemson e un'occasione unica; un'esperienza, certamente, per quanto fosse improbabile che potesse condurre a un risultato positivo. Canary Wharf è il primo centro finanziario d'Europa, il nuovo quartiere dell'*investment banking* londinese, che ha realizzato in un vecchio porto e sede di stoccaggio (*dock*) un centro ipermoderno, con grattacieli e infrastrutture di trasporto. In questo centro, la cui realizzazione è stata finanziata con il capitale dei più grandi istituti, si sono poi spostate quasi tutte le banche d'investimento globali che tradizionalmente risiedevano nel miglio quadrato della City.

Insomma, non esattamente Wall Street, ma certamente la migliore *proxy* a livello mondiale, pensavo, mentre mentalmente mi preparavo al colloquio che dovevo affrontare.

La mia seconda volta a Wall Street

A Wall Street sono tornato una seconda volta, dopo il mio primo viaggio da Clemson, nel 2007, quando gran parte dei mercati borsistici mondiali avevano toccato un apogeo da cui sarebbero presto precipitati rovinosamente. Questo ovviamente non lo sapevo e – al di là delle ciance del tipo "io l'avevo detto..." che si leggono oggi sui giornali – nessuno ai tempi nemmeno lo sospettava.

Dopo una prima parte di carriera come consulente strategico-industriale ero riuscito, caso piuttosto raro se non eccezionale, al termine di oltre una ventina di colloqui in quel di Canary Wharf, a passare dall'altra parte della barricata, diventando *advisor* strategico-finanziario con una delle più grandi banche d'affari mondiali, di forte matrice americana, forse la più nota e stimata in Italia.

Perciò questa volta, a Wall Street, non ci ero arrivato con i pantaloni corti (da turista) e l'auto a noleggio, ma come *managing director*, ovvero *senior partner* di una prestigiosa "casa" (le banche d'affari si chiamano così tra loro: la casa di JPMorgan Chase, quella di Goldman Sachs e di Morgan Stanley): in abito e cravatta blu e con tanto di limousine dalla lunghezza irragionevole (un vero tormento per il mio mal di mare) che mi aveva scortato dall'aeroporto JFK.

Da quelle parti, dove si trovavano anche gli uffici centrali (gli *headquarters*) della banca per cui lavoravo, si teneva ogni anno il corso introduttivo (obbligatorio) destinato ai nuovi partner, molti dei quali basati in uno dei 150 paesi satelliti (ovvero tutti, al netto degli Stati Uniti) in cui quella casa operava. Oltre alle solite presentazioni sulla storia della banca, sul suo posizionamento competitivo e sul suo piano di sviluppo delle offerte nei vari ambiti dell'*advisory*, dell'*equity* e del *fixed income*, il piatto forte di quel corso di "indottrinamento-lavaggio del cervello" era dedicato alla cultura dell'azienda, personificata nel suo *líder máximo*, ovvero in colui che ne era CEO e presidente al tempo stesso, al comando assoluto ormai da anni di quella *partnership* molto speciale. Ricordo ancora il suo discorso e, devo ammetterlo, le sue incredibili capacità di persuasione: un misto di steroidi e carattere, ormoni allo stato brado e padronanza dell'arte oratoria e della gestualità teatrale.

Avevo avuto la fortuna non solo di essere selezionato dalla banca più prestigiosa e ambita nell'industria dei servizi globali, destinata a soppiantare nel giro di pochi anni le acerrime rivali e per tutti i principali segmenti di mercato. Ma anche di essere scelto direttamente da Lui (ovvero attraverso i suoi sottoposti, visto che non lo avevo mai incontrato prima) perché diventassi parte di quel disegno arrogante di vittoria senza mezzi termini.

Senza "se" e senza "ma".

«*We won't take prisoners*» aveva detto guardandomi bene negli occhi (non è vero; non era ovviamente possibile che avesse potuto guardare negli occhi nello stesso istante almeno una ventina di persone, ma questo era l'effetto che il gran capo faceva).

«*And we won't accept excuses. I don't take "no" as an answer*» aveva precisato. «*We love winners, and we kill losers*» aveva aggiunto. Con un perfetto sillogismo che, tradotto in italiano, stava a significare: «Fa' a pezzi gli avversari e portami a casa solo successi e tanto denaro. Perché se non lo fai nella misura – esagerata – che mi aspetto, saranno cavoli tuoi».

E questa mia "traduzione", credetemi, non rende la sostanza. Aveva infatti chiuso la sua perorazione "castrista" con una scenetta che mi aveva fatto una certa impressione. Aveva prima lodato i *winners* promettendo loro che li avrebbe ricoperti d'oro e ammessi nel suo *inner circle*: amici personali del gran capo, in altre parole.

Poi aveva parlato dei *losers* (i perdenti, ovvero quelli che non avessero rispettato gli ambiziosissimi budget e piani di crescita della banca) e, mimandone grottescamente la fine, aveva descritto il loro estremo sacrificio: con le sue grosse e robuste mani avrebbe aperto loro il petto ed estratto il cuore sanguinolento, ancora palpitante, che avrebbe preso personalmente a morsi fino all'ultimo battito.

Un'immagine talmente realistica da mettermi davvero paura: avrei volentieri iniziato a chiamare i miei clienti in piena notte, vista l'ansia che l'ascia dissotterrata del budget già iniziava a suscitarmi. Altro che Vietnam! Altro che guerriglia nella Sierra Maestra! I superuomini dovevano bazzicare tutti da quelle parti, se erano sopravvissuti al "gorilla" (questo il suo soprannome dalle parti di Wall Street, e non solo).

Poi mi avevano raccontato che la scenetta era un suo pezzo forte, una roba riciclata parecchie volte, insomma. L'avrei peraltro vista ripetuta appena un anno dopo, in un altro *partner meeting* a Londra.

Proprio nel bel mezzo della tempesta finanziaria che stava montando a livello internazionale, il "gorilla" aveva minacciato prima le agenzie di *rating*, poi gli speculatori finanziari (come se lui non fosse di quella famiglia) e gli stessi regolatori istituzionali, se solo se la fossero presa con la sua banca, se l'avessero anche solo indirettamente attaccata mettendone a rischio il successo e – Dio non voglia – la sopravvivenza.

Qualche settimana dopo, aveva portato i libri in tribunale, appellandosi al famoso Chapter 11, la legge fallimentare americana.

Con un ultimo, drammatico e indimenticabile acuto, forse anche battendosi il petto con i pugni e lanciandosi da una liana all'altra, aveva dato avvio alla grande crisi finanziaria globale.

Anche lui, l'infallibile scimmione, era scivolato sulla proverbiale buccia di banana.

La mia terza volta a Wall Street (occupata)

A Wall Street sono stato per la terza volta poco tempo fa. Ero di nuovo a New York per lavoro (ero tornato nel frattempo alla consulenza strategico-industriale) e la grande crisi finanziaria aveva già superato la sua fase acuta, almeno in America.

Guarda caso, si trattava proprio del fine settimana in cui era prevista la famosa Maratona della Grande Mela e, dovendo recarmi a Boston la settimana successiva per conto di un *private equity* di cui ero *operating partner*, mi sono fermato da quelle parti, concedendomi un weekend da turista, molti anni dopo quel mio primo viaggio da Clemson, con l'auto a noleggio e i pantaloni corti.

Sono arrivato nella zona dell'enorme cratere dove un tempo sorgevano le Torri del World Trade Center, e già la folla di curiosi mi impediva quasi di proseguire, persino a piedi. Poi, facendomi largo tra la moltitudine in direzione di Wall Street, ho scoperto che, oltre ai newyorkesi rimasti in città, ai turisti e agli innumerevoli atleti della maratona in perlustrazione lungo i chilometri finali del percorso (era un sabato e la corsa si disputava la domenica successiva), il motivo di quel sovraffollamento era una manifestazione in corso proprio a Zuccotti Park, il minuscolo giardino pubblico a pochi passi dalla "strada del muro".

A non sapere che si trattasse di un parco, lo spettacolo avrebbe tratto in inganno chiunque. Ogni singolo metro quadrato era ricoperto da un'impressionante e disordinata tendopoli: stracci e sacchi a pelo, bivacchi e tende canadesi ovunque, oltre a centinaia, forse migliaia di moderni figli dei fiori accampati ben al di là dei confini del parco, divenuto nel frattempo quartier generale del movimento Occupy Wall Street.

Il movimento in questione, caratterizzato dallo slogan relativo al "rimanente 99%", aveva come obiettivo la guerra alla finanza internazionale, a difesa degli sfruttati e degli oppressi (ovvero, si dichiarava in lotta contro i banchieri arraffoni e contro la finanza d'assalto, accusata ormai di tutti malanni del mondo – alluce valgo e calvizie compresi – e a favore del rimanente 99% della popolazione mondiale non implicata, per virtù matematica, in quegli orrendi crimini).

Quasi contemporaneo all'analogo movimento degli *indignados* spagnoli (che hanno bivaccato per mesi nella Plaza Mayor a Madrid), il movimento statunitense ha avuto, al solito, una maggiore e più rapida diffusione. Un paio di giorni dopo sono infatti arrivato a Boston e, nei pressi del quartiere finanziario, ho ritrovato (sia pure in versione ridotta) un analogo accampamento di "anti-yuppie".

Erano certamente ben organizzati e, al di là dell'efficace coreografia del bivacco di occupazione (destinata ad avere un rapido tramonto, considerato che a breve sarebbe arrivato l'inverno e il freddo pungente sarebbe stato più convincente degli inviti del sindaco di New York a mollare la presa sul parco), il messaggio di protesta raccoglieva ampio seguito a livello internazionale.

Chi del resto potrebbe non avercela con i banchieri d'affari, abituati per troppo tempo a guadagnare cifre assurde mettendo spesso a rischio i soldi degli altri, e per giunta arrivando a provocare, con la crisi delle loro banche, impatti sistemici sull'economia mondiale?

In un'analisi che ho curato recentemente, sulla base dei dati interni relativi a varie aziende che conosco bene, ho stimato un effetto di "eccessiva retribuzione" per i banchieri d'affari pari al 20-30%; e questo, successivamente a un taglio del 20-30% già realizzato rispetto alle retribuzioni record del 2007-2008.

L'espressione "eccessiva retribuzione", si noti, non è peraltro un giudizio morale, né ha valore assoluto. Il ragionamento sostiene che, date certe competenze e le capacità richieste per essere un professionista della finanza ai massimi livelli, si guadagna un 20-30% in più se si lavora per una banca d'affari piuttosto che, ad esempio, per una società industriale o di consulenza. Perché dunque non aspettarsi che i migliori talenti prodotti dalle università e da eccellenti programmi di MBA non scelgano la banca d'affari come loro *employer of choice*?

Oltre ai soldi, nel tempo ha funzionato molto bene l'*allure* "intangibile": il fascino del *banker* in gessato con i gemelli ai polsi e il sigaro cubano all'angolo della bocca, che si sposta con limousine e aereo privato (il Learjet è divenuto quasi un verbo, in inglese, per indicare il modo di viaggiare costoso e senza compromessi dei *top bankers*: «*I was learjetting to a deal...*»), proprio come il Gordon Gekko interpretato da Michael Douglas.

Chi, tra i miei studenti del corso di Sistemi finanziari alla Bocconi, non ha mai sognato di diventare un *investment banker* di successo, un *top advisor* nell'M&A ("fusioni e acquisizioni"), oppure un *top trader* nell'*equity* o nel *fixed income*? Come direbbe Zio Paperone, chi è senza peccato scagli la prima mazzetta di dollari.

A partire da me, che a un età non più tenerissima, e dopo quasi 13 anni di carriera di buon successo nella consulenza (di cui gli ultimi 8, ai tempi, già come *managing director*), mi sono lasciato tentare dal fascino del Toro "montante" dei mercati dei capitali finanziari, dei grattacieli di Wall Street e di Canary Wharf (ma non del Learjet, essendo tuttora, nonostante il mestiere che faccio, ancora terrorizzato dal senso di vuoto del volo).

Peccato che l'anno della mia seconda volta a Wall Street fosse il 2007. Ovvero lo zenit prima della grande crisi. L'apogeo prima della catastrofe. Il punto d'inizio dell'eclissi... Insomma, il peggior momento possibile per cambiare casacca.

E peccato che la banca d'affari a cui avevo deciso di unirmi fosse una certa, blasonatissima, ipervincente e quasi infallibile (quasi)... Lehman Brothers.

Occupy: what?

Devo confessare che, passeggiando quel pomeriggio nella ressa dell'area di Manhattan che circonda Zuccotti Park, non mi sono sentito molto a mio agio, nonostante fossi vestito con jeans, maglione e giubbotto sportivo – difficilmente riconoscibile come ex *banker*.

Rivendico tuttavia con orgoglio l'esperienza vissuta in quei miei pochi anni nell'*investment banking* (appena 3, ma che hanno rappresentato una sorta di *Vietnam boot camp* accelerato per conseguire un master in sopravvivenza, visto com'è andata a finire).

Le debolezze del modello della banca d'affari e gli errori commessi da molti *investment bankers* sono sotto gli occhi di tutti, così come i loro bonus milionari legati a una filosofia del *"winner takes it all"*: o hai successo e ti ricopro d'oro, o ti licenzio domani mattina, e prima di farlo ti mangio il cuore con le mie mani (per riprendere l'immortale spunto del gorillone).

Peraltro, dall'inizio della crisi molte cose sono cambiate, e alla regola dell'"eccessiva retribuzione" del 20-30% per 2 (giustificata dal fatto che gli *investment bankers* arbitraggiavano il profilo di rischio/rendimento associato alla loro operatività, condividendo i profitti quando le cose andavano bene e non condividendo le perdite se invece andavano male), adesso si è sostituita una nuova regola (in divenire) del 15 per 30, o del 30 per 50, a seconda degli scenari e delle metodologie di calcolo.

Ovvero: almeno il 15% degli impiegati nel settore hanno già perso il lavoro definitivamente (e il trend si sta rapidamente avvicinando al 30%), e la retribuzione media è già scesa del 30% (e potrebbe arrivare velocemente a dimezzarsi).

Intendiamoci, qualche *banker* superstar la sta facendo ancora franca, con pacchetti retributivi decisamente d'annata; ma d'altronde nessuno si lamenta dei bonus dei calciatori (un tempo paragonabili, oggi tendenzialmente superiori). In entrambi i settori ci sono i centravanti capocannonieri strapagati, e qualche umile terzino che guadagna benino ma che ha già le ginocchia rotte a 30 anni.

La durata media della carriera nelle due professioni (*banker* e terzino spaccaossa) sta peraltro convergendo, vista l'elevata probabilità che alla fine dell'anno, a seguito di risultati non eccezionali o addirittura in caso di retrocessione, il contratto al *managing director* di M&A o di ECM (Equity Capital Markets) o di FICC (Fixed Income Currency and Commodities) non venga rinnovato dalla "casa" del cuore.

E non solo gli *investment bankers* stanno soffrendo, ma anche le loro stesse aziende. Oltre a un certo numero di prestigiose "case" scomparse nel nulla, o assorbite e salvate da altre banche commerciali (Lehman Brothers, Bear Stearns, Merrill Lynch), quelle che sono rimaste – al netto forse di un paio che, in virtù del consolidamento del mercato e dell'accresciuta posizione di leadership conquistata, se la stanno passando abbastanza bene – tutte le altre sono in fase di profonda ristrutturazione.

I tradizionali business dell'*investment banking* (dall'*advisory* alla raccolta e intermediazione di capitale e debito sui mercati dei capitali internazionali, alla negoziazione titoli in conto proprio) dopo la grande crisi si sono infatti parecchio ridotti, e in termini strutturali.

La nuova ondata di regolamentazione internazionale (da Basilea III alle varie Commissioni Volcker, Vickers, Liikanen, eccetera) potrebbe poi condurre a uno spacchettamento delle grandi banche universali, con la netta separazione tra attività al dettaglio (gestione del risparmio e del credito per le famiglie e per le piccole e medie imprese) e attività all'ingrosso (intermediazione sui mercati dei capitali e servizi offerti alle grandi imprese e agli Stati).

La ri-regolamentazione implicherà per le grandi banche d'investimento costi di *compliance* (aderenza alle migliaia di regole previste) e ulteriori vincoli di business molto importanti, che avranno come effetto l'ulteriore riduzione del reddito prospetticamente conseguibile.

A fronte di tutto questo, le strutture di costo che erano state costituite dalle grandi banche in tempi di vacche grasse risultano – nonostante i licenziamenti e la riduzione delle retribuzioni medie – ancora troppo rigide ed elevate: non più sopportabili dai ricavi che ragionevolmente potranno essere fatti sui mercati nei prossimi anni.

Insomma, il business dell'*investment banking* non è più quello dorato e potente (*goldy and mighty*) di qualche tempo fa. Anche la sua immagine (la sua *allure*) ha subito un duro colpo, tant'è che già oggi le banche d'affari non sono più il posto sognato (*employer of choice*) dai neolaureati. Ci saranno meno soldi e più sacrifici per tutte... per quelle che riusciranno a sopravvivere, ovviamente, resistendo al lungo percorso di ristrutturazione che le attende.

«*Occupy: what?*» verrebbe da dire. Ormai i mercanti sono scappati (o sono stati cacciati) dal tempio. E le colonne del medesimo appaiono alquanto fragili, e le pareti all'interno meno dorate di quanto in passato si fosse creduto. A parte continuare a dare la colpa di tutto ai soliti, antipatici banchieri d'affari, forse anche quelli di Zuccotti Park si sono accorti che a Wall Street è rimasto poco da occupare, e che ognuno ha i suoi problemi a "casa" propria.

Forse è anche per questo che, oltre che per gli inviti del sindaco Michael Bloomberg e il freddo di New York, gli "anti-yuppie" e difensori del "*remaining 99%*" hanno smontato le tende e se ne sono andati, con molti ringraziamenti.

Perché un "grazie" non lo si nega a nessuno, direbbe sempre Zio Paperone.

E soprattutto... non costa niente.

La lunga strada verso l'industrializzazione

Il giorno dopo la mia passeggiata fino a Wall Street sono ancora a New York. Dato che la maratona si svolge proprio questa domenica, colgo l'opportunità, dopo il mio ben più modesto jogging mattutino in un Central Park superaffollato e ben presidiato dalla polizia locale, di assistere alle fasi finali della gara.

Al di là dello spettacolo incredibile della massa di atleti che si accalcano lungo i 42,195 chilometri della manifestazione, rimango impressionato dalla facilità, dal ritmo e dalla velocità di corsa dei primi atleti giunti a tagliare il traguardo, quasi tutti di origine africana (il derby si gioca in effetti tra Etiopia e Kenya). Non certo muscolosi e possenti come alcuni culturisti, o come gli stessi sprinter dell'atletica leggera: a dire la verità danno quasi un'impressione di debolezza, come se li si potesse scaraventare a terra solo a soffiarci contro. Altro che *goldy and mighty*: il peso medio di questi atleti non supererà i 60 chili, vestiti e scarpe compresi.

Il paragone con l'*investment banking* è quasi d'obbligo. Penso ai bilanci ipertrofici costruiti dalle banche d'investimento fino all'inizio della crisi, attraverso un mix di tre sostanze "dopanti": il *leverage*, ovvero la leva finanziaria, cresciuta a dismisura specie a partire dall'inizio degli anni 2000, a seguito delle politiche monetarie espansionistiche attuate dal governatore della FED (la Banca Centrale statunitense) Alan Greenspan; poi l'attività di *principal investing*, l'assunzione di rischi in conto proprio finalizzati a perseguire grandi opportunità di profitto, anche a costo di rimetterci l'osso del collo (della banca), fortemente accelerata dalla deregolamentazione e dal "distacco benigno" assunto dai controllori delle stesse banche (le Banche Centrali e gli altri organismi di vigilanza internazionali); infine i "conflitti d'interesse", ovvero la continua ricerca di arbitraggio e speculazione perseguita dalle banche d'affari (di per sé attività positive, che concorrono all'ottimale allocazione delle risorse scarse nell'economia, se realizzate con pieno rispetto dei principi etici e professionali), a volte facendosi beffe degli interessi dei propri clienti o contravvenendo alle regole (scritte o no) di "buona condotta" tramite l'utilizzo di una serie di informazioni privilegiate in loro possesso che le mettono in condizione di poter sfruttare scientemente alcune situazioni di "fallimento del mercato".

Le banche d'affari avevano infatti impostato una struttura (muscolare) coerente con alcuni assunti di arroganza e di esercizio della forza. Tale struttura risultava forse ottimale, almeno nel breve periodo, per vincere una gara fatta di tanti piccoli sprint (i *quarterly reports* da comunicare alle Borse). Ma si è dimostrata insostenibile e subottimale per riuscire a percorrere di buon passo un'intera maratona, specie dopo che le sostanze "dopanti" (e pericolose, tanto per la salute della banca quanto per la sostenibilità del sistema) sono state messe al bando dai regolatori internazionali.

Le banche d'affari nel "nuovo normale", come si usa ormai dire, dovranno fare i conti con l'efficacia e l'efficienza: questione di produttività, non di potenza; di resistenza più che di accelerazione; di perseveranza più che di furbizia. Proprio come in una maratona.

Le banche d'affari dovranno dunque tornare a essere redditizie anche senza l'aiutino del doping, riducendo la propria struttura di costo coerentemente con i ricavi prevedibili in modo sostenibile per il futuro. Dovranno soprattutto far fruttare questi costi, concentrandosi sull'ottimizzazione della loro produttività (per definizione pari al rapporto tra l'output prodotto dati gli input, e considerandone la relativa qualità e il tempo di conversione).

Dovranno in altre parole "industrializzare" larga parte dei propri processi produttivi e distributivi, ridisegnando il loro modello operativo e ricercando ogni efficienza/efficacia possibile. Proprio come si fa in fabbrica, ormai da anni.

Forse il modello della catena di montaggio (che può essere tratto dall'esperienza dell'industria automobilistica) è ancora lontano dal divenire una realtà concreta, per chi stampa un *deal* emettendo nuove azioni e obbligazioni o strutturando e negoziando nuovi contratti derivati.

E forse lo status dell'*M&A banker* (non dissimile, a pensarci bene, dall'agente di intermediazione immobiliare che incrocia la domanda di chi vuol comprare casa con l'offerta di chi la vuole vendere) resisterà anche ai durissimi colpi reputazionali subiti negli ultimi anni.

Ma il dado è certamente tratto, dopo l'attraversamento del fiume realizzato il 15 settembre 2008, giorno del fallimento di Lehman Brothers e del conseguente impatto sistemico sull'intero settore finanziario mondiale.

La maratona verso l'industrializzazione dell'*investment banking* globale è appena iniziata, e nessuno sa bene quale sarà il percorso (accidentato) da seguire per i suoi 42,195 chilometri. Né che tipo di banca e di banchiere d'affari risulterà vincente sulla linea dell'ancora lontano traguardo.

E mentre me ne torno in hotel a preparare le valigie per ripartire in direzione di Boston, trotterellando con la leggerezza dei miei 85 chili lungo la strada del parco ancora delimitata dalle transenne utilizzate per la gara, mi chiedo come sarà (con quali mezzi, con quali vestiti, con quale stato d'animo), tra qualche anno, il mio "quarto giro" a Wall Street.

Quando gli opposti si attraggono e si confondono: decadenza e amore, inflazione e crescita, competitività e guerre valutarie

Tokyo decadence

Gli inservienti dell'hotel ci accolgono con un inchino, il cui angolo d'inclinazione è direttamente proporzionale all'importanza dell'ospite che stanno per ricevere.

Il più senior dei tre, che deve avere pianificato attentamente la nostra accoglienza e sta ora coordinando gli altri due, sfiora gli 80-90 gradi, il che dà l'idea del peso specifico (non mio, ovviamente, ma dell'importante cliente che viaggia con me).

Siamo atterrati circa un'ora fa, e l'autista che ci ha accolto in guanti bianchi e uniforme e cappello d'ordinanza ci ha direttamente accompagnato al Mandarin Hotel, uno dei più belli e lussuosi della città, nel pieno centro finanziario di Tokyo.

«*Arigato!*» ci gridano i tre (il più senior con un tono di voce più deciso degli altri due), mentre si avventano ad aprire tre delle portiere dell'auto (a esclusione, ovviamente, di quella dell'autista). Noto con stupore che procedono ad aprire le due di destra (il mio cliente siede nel posto del passeggero anteriore, io dietro di lui), rinunciando dopo una breve e furtiva occhiata ad aprire quella posteriore di sinistra. Mia moglie viaggia infatti con noi, ed è seduta alla mia sinistra.

In occasione del *roadshow* che mi vede impegnato (ma non troppo) ad accompagnare il mio cliente, amministratore delegato o CEO (Chief Executive Officer) di una nota banca italiana, per una serie di incontri a Tokyo e a Kyoto con alcuni dei principali investitori istituzionali del Giappone, abbiamo pensato di ricavarci un rapido giro turistico delle due città, aggiungendo un fine settimana ai 4 giorni di "lavoro" già pianificati.

I due inservienti junior del Mandarin, dopo aver aiutato a scendere me e il mio cliente, si lanciano con uno scatto da samurai verso il bagagliaio dell'auto e, con occhio esperto, procedono subito a identificare le nostre valigie, trasportandole rapidamente verso l'ingresso. Dico "le nostre", perché in effetti hanno subito riconosciuto quelle più femminili – con tanto di biglietto col nome di mia moglie – che non si azzardano minimamente a toccare.

Risultato: l'inserviente senior ci fa strada visibilmente agitato verso la hall, con noi due dietro, seguiti dai due junior con le nostre valigie, e dietro, staccata di qualche metro e già in affanno, mia moglie con la sua, sufficientemente grande da poter contenere almeno uno di quei tre piccoli uomini... nell'ipotesi che non soffrano di artrosi.

Ci ritroviamo qualche minuto dopo in camera e, anche per rimediare all'increscioso episodio, lascio a mia moglie il tempo di farsi una doccia prima di uscire per una cena da soli (rimandando quella con il cliente e altri miei colleghi e investitori a domani sera). La camera è ampia e moderna, con una vista panoramica su gran parte della città fino al parco di Chiyoda, che ospita il Palazzo Imperiale e altri santuari che saranno certamente oggetto di una nostra futura visita.

Mentre mia moglie mi fa notare, dal bagno, il wc ipertecnologico (con tanto di ciambella per la seduta termoriscaldata e getto d'acqua a diverse gradazioni di idromassaggio, che funziona come bidet automatico incorporato), mi stendo comodamente sul lettone centrale (più largo che lungo, vista l'altezza media delle persone del luogo e le 5 stelle dell'hotel che comunque richiedono una dimostrazione dell'ampio spazio orizzontale riservato al cliente), e sfoglio alcuni dei dépliant che mi ha consegnato personalmente l'autista.

Ci sono vari servizi pubblicizzati, compresi gli *one-day trips* della città in limousine (con un autista-guida a disposizione, a costi relativamente contenuti rispetto a offerte simili in molte capitali europee) e, nella stessa pagina, quelli di accompagnamento di giovani escort, abbastanza carine, apparentemente per nulla volgari, per la maggior parte giapponesi (che sembrano essere molto in voga tra gli uomini d'affari occidentali). Il catalogo dei servizi offerti è parecchio esplicito e dettagliato, sia per "fasce orarie" che per "modalità di utilizzo", con gli inevitabili "sconti quantità".

L'agenzia di coordinamento dell'offerta "integrata" (giro della città di giorno con autista-guida in limousine, più cena e dopocena con l'*entraîneuse* dagli occhi a mandorla di notte) si chiama Tokyo Decadence, in omaggio a un noto film erotico uscito nel

1992, ai tempi della *bubble economy* seguita a decenni di rapidissima crescita dell'economia giapponese, che avevano portato una nazione uscita letteralmente distrutta dalla Seconda guerra mondiale ad affermarsi come seconda potenza industriale del pianeta e addirittura a un passo dal superare gli Stati Uniti. Alla vigilia del "decennio perduto" in cui una civiltà sconfitta militarmente e colpita con altre bombe atomiche "consumistiche" (dalla Disneyland situata alle porte di Tokyo e all'ombra del monte Fuji, alla colonizzazione dei fast food in diretta competizione con sushi e sashimi) stava per precipitare nella recessione degli anni '90, da cui il Giappone non si è ancora ripreso.

Una recessione fatta di decadenza, di debiti e d'invecchiamento, che mi ricorda un altro bel paese della vecchia Europa.

Il mercato del pesce

Mia moglie, quasi pronta, esce di scatto dalla stanza da bagno, e mi trovo a nascondere velocemente il dépliant e a oscurare l'iPad quasi fossi stato colto in flagrante. Ingurgito un caffè preparato con la caffettiera elettrica in dotazione della camera e la accompagno a cena.

Il segreto è non fermarsi la prima sera e tenere duro il più possibile, per abituarsi al fuso orario che in effetti qui è a +9. In realtà, già in taxi sono colto dal primo colpo di sonno e, quasi per vendicarmi annoiandola un po', visto che mia moglie è invece tutta arzilla, mi metto a raccontarle degli impegni di lavoro dei prossimi giorni.

Incontrerò con il mio cliente una serie di investitori finanziari "istituzionali" (fondi pensione, *asset managers*, compagnie di assicurazione), sia in meeting *one to one* sia in presentazioni allargate, una a Tokyo e l'altra a Kyoto, tra un paio di giorni. L'idea è di convincerli a investire nel titolo della banca del mio cliente, che è già quotata alla Borsa di Milano ma che beneficerebbe ovviamente della "diversificazione" asiatica (*Tokyo Drift*, per citare un altro film) della propria base di azionisti.

In effetti, nonostante la recessione e il "decennio perduto" (caratterizzato da crescita negativa e da perdita di competitività, dal 1992 ai primi anni 2000 e in realtà anche ben oltre, fino a oggi), il Giappone rimane il secondo mercato finanziario globale (dopo gli Stati Uniti) per dimensione dello stock di ricchezza investita. Il *roadshow* è dunque un viaggio per incontrare i più importanti investitori professionisti, per raccontare loro dell'azienda del mio cliente e per convincerli della bontà di un eventuale investimento.

I top manager delle aziende, in questo tipo di viaggio, sono di solito accompagnati da un *advisor* finanziario, e io al momento (prima dello tsunami, ma già dopo l'inizio della grande crisi finanziaria) lavoro per una grande banca d'affari giapponese.

Mentre proseguiamo in taxi lungo strade ben ordinate e caratterizzate da una pulizia "svizzera", illustro a mia moglie l'idea che mi sono fatto sulla "decadenza" giapponese e di Tokyo in particolare (casualmente senza citare il film erotico) e mi avventuro in alcuni paralleli con l'Italia. Il miracolo economico dopo la sconfitta nella Seconda guerra mondiale... Poi la perdurante incapacità di crescita... L'invecchiamento rapido e preoccupante della popolazione... Il rapporto tra debito pubblico e prodotto interno lordo che cresce in modo esplosivo (il Giappone è l'unica grande economia che batte l'Italia in questa gara degli spendaccioni, con un rapporto che supera di gran lunga il 200%)... La decadenza culturale di civiltà che avevano dimostrato splendore intellettuale e mire di dominio globale ai tempi dei loro primi imperatori...

Dopo qualche minuto arriviamo al mercato del pesce, dove (ce l'ha consigliato una guida turistica del "fai da te") è di rigore fare una puntata quando ci si trova a passare da Tokyo, per una cena a base di pesce crudo preparato con ricette originali e non occidentalizzate (cioè *fusion*). La caratteristica di questi posti è di essere molto economici, poiché lo stesso luogo fisico è utilizzato per lo stoccaggio e la vendita del pesce fresco la mattina e come ristorante la sera.

Entriamo in uno dei primi che incontriamo e l'idea della decadenza, rafforzata dal fumo all'ingresso (sigari e sigarette non sono vietati in questi ristoranti e l'atmosfera all'interno è da nebbione londinese) e dall'odore da magazzino del pesce (non facile da lavare via, immagino), non mi abbandona.

L'altra cosa che noto subito (e non ci vuole granché) è il rumore. Nel locale sono tutti giapponesi (incidentalmente tutti uomini, ma sarà un caso) e parlano con un tono di voce da stadio, urlando tra di loro, ma facendosi comunque sentire con difficoltà, visto il rimbombo presente nel piccolo locale.

La cosa che invece turba di più mia moglie è la vasca (chiamarla acquario sarebbe riduttivo) di vetro trasparente con numerosi pesci di varia natura, ignari del loro imminente, atroce destino.

«*Hahi!*» mi saluta urlando il commesso-cuoco dall'altra parte del bancone, dove prepara i piatti mentre tu mangi seduto su improbabili sgabelli da bar.

Provo a spiegarmi in inglese, ma ovviamente lui non lo parla e non c'è neppure un menù disponibile.

«*Hahi?!*» mi ripete, come per invitarmi a ordinare senza fargli perdere tempo. Poi mi fa cenno col dito di guardare nella vasca e di scegliere.

Di fronte a mia moglie inorridita, decido di ringraziare e di avviarmi rapidamente all'uscita.

Consuma che ti passa

La sera successiva (avendo cenato alla fine in hotel, dopo l'avventura del mercato del pesce), mia moglie e io siamo di nuovo pronti per andare al ristorante a mangiare sushi e sashimi preparati alla giapponese. Questa volta però siamo in compagnia di altri miei colleghi e del cliente che accompagneremo nel *road-show*, perciò la scelta cade su un ristorante segnalato dalla guida Michelin come uno dei migliori di Tokyo.

Il ristorante si trova nel quartiere di Ginza, il più chic della città, anche perché ospita la via dello shopping più cara al mondo (così mi dice mia moglie, facendomi preoccupare). Appena arrivati nei paraggi col metrò, in largo anticipo rispetto all'appuntamento fissato con colleghi e cliente, ci avventuriamo per una passeggiata.

È in questa zona che – mi spiega mia moglie, appassionata d'architettura – la "nuova" Tokyo dà il meglio di sé, con una serie di *buildings* ideati e pensati coerentemente con l'identità aziendale e la proposizione di valore offerta dagli utilizzatori finali (il *concept* del *building* identifica quello dell'azienda che lo utilizza: come se quello di Ferrero Rocher fosse ricoperto di Nutella, e quello di Cartier a forma di collier d'oro e diamanti).

Sarà pure come dice mia moglie, che è così che dovrebbe essere anche il centro storico di Milano, ma a me la cosa non convince affatto: tutto qui sa di decadenza consumistica, come in molte altre parti del mondo, con la differenza forse – almeno per il momento – che quando entri nei negozi gli assistenti alla clientela sono molto gentili e ossequiosi (al limite dell'imbarazzante) e la gente continua a comprare a man bassa.

Perché i giapponesi sono ancora molto ricchi, se non ricchissimi: la terza potenza economica al mondo dopo Stati Uniti e Cina, il secondo mercato dei capitali dopo quello americano, uno stock di risparmio privato (nonostante il debito pubblico) da fare invidia a chiunque. Ed è incredibile pensare come una nazione di poco più di 127 milioni d'abitanti, che vivono accalcati su un arcipelago di quasi 7mila isole (di cui le quattro più grandi rappresentano circa il 97% della superficie del paese) di origine vulcanica, esposte ai terremoti e agli tsunami e prive di risorse naturali, sia riuscita, dopo una guerra persa disastrosamente e con le cicatrici nucleari di Hiroshima e Nagasaki, a realizzare tutto questo nello spazio di pochi decenni.

Merito dell'ingegno e della laboriosità dei giapponesi, certamente. E della loro fede quasi cieca nel destino luminoso di un popolo ancora guidato (anche se non politicamente, ma di sicuro culturalmente) da un imperatore di origini semidivine. Mi chiedo tuttavia se i giapponesi di oggi siano diversi da quelli affamati e disposti a tutto del miracolo economico (dal secondo dopoguerra fino ai primi anni '90). Quelli desiderosi di rivalsa nel mondo del business dopo averle prese di santa ragione in guerra. Quelli capaci di lavorare giorno e notte nutrendosi di un pugno di riso per costruire una radiolina a transistor più piccola e meglio funzionante di quelle americane ed europee.

I giapponesi di oggi sono inevitabilmente diversi. Quelli più anzianotti che vedo per strada sono certamente benestanti e ben vestiti (lo stile e le aspettative di vita sono tra i più elevati al mondo da queste parti, nonostante le continue fuoriuscite radioattive di Fukushima), ma sembrano aver già dato quello che potevano dare. Mentre i più giovani sono spesso stravaganti nelle acconciature e nell'abbigliamento: un misto *trendy-trash* mal copiato dai loro colleghi occidentali amanti del rock e del "famolo strano". E arrivano a preferire il pesce fritto del Kentucky Fried Chicken a quello più pregiato di sushi e sashimi. Insomma, non mi danno grande affidabilità circa la loro voglia di mettersi a fare gli imprenditori o a lavorare duro per individuare una via d'uscita dalla facile indolenza in cui pare trovarsi il paese del Sol Levante.

Un'economia che cresce, fortemente competitiva e con i conti dello Stato a posto, è *cool*. Ma è indolente la bassa crescita dell'economia; come lo è la continua perdita di produttività delle grandi aziende che, da leader globali dell'innovazione, di anno in anno devono rivedere la loro struttura dei costi per poter sopravvivere. Ed è indolente l'incapacità di ridurre l'enorme peso del debito pubblico e del deficit corrente. Insomma qui, riflettendoci bene, molte cose mi paiono "decadenti", livello dei prezzi compreso – il Giappone è uno dei pochi paesi al mondo ad avere sperimentato lunghi periodi di deflazione (la decrescita dei prezzi medi al consumo, ovvero il contrario dell'inflazione).

Il senso di decadenza percepito ai tempi del mio viaggio per il *roadshow* del 2010 continua tuttora. Dopo la decisa vittoria elettorale della coalizione di centrodestra, il nuovo ministro Shinzo Abe ha delineato una strategia di sviluppo economico basata su una politica monetaria più aggressiva (ovvero lassista), finalizzata ad annientare una volta per tutte la deflazione (se i prezzi scendono, i consumi vengono rinviati, e quindi gli investimenti, e alla fine il PIL crolla – sostiene la teoria accademica).

Per questo motivo, in netta controtendenza rispetto ai principi internazionalmente riconosciuti di separatezza e indipendenza tra l'operato del governo e quello della Banca Centrale, Abe ha nominato un nuovo governatore della Banca del Giappone di sua fiducia: Haruhiko Kuroda, ex presidente della Banca dello Sviluppo per l'Asia, il candidato più orientato a interventi monetari aggressivi (tra questi, la riduzione del tasso d'interesse di riferimento dell'economia e, soprattutto, lo stampaggio di nuova moneta), ovvero in linea con gli obiettivi politici dichiarati dal primo ministro.

Se un'inflazione più elevata, diciamo del 2% (rispetto alla recente deflazione), fa bene all'economia dato che fa riprendere i consumi e quindi gli investimenti, perché non puntare al 3 o al 5%, o addirittura al 10-15%?

Se i soldi fanno la felicità delle persone, perché non fabbricarne di più, visto che alla fine il loro costo di produzione (specie in tempi di moneta digitale) è vicino allo zero?

Se un'inflazione più elevata riduce il valore reale del debito pubblico (almeno per la quota a tasso fisso) e anche il valore dello yen (all'inflazione più elevata di un'economia corrisponde tipicamente, subito dopo, la svalutazione della sua moneta di riferimento), aumentando quindi la competitività all'estero delle aziende giapponesi, perché non spingere sull'acceleratore?

Più che "consuma che ti passa", potremmo dunque dire "stampa che ti passa"?

È bastato l'annuncio da parte di Abe del perseguimento di politiche monetarie espansive (e il target del raddoppio della moneta in circolazione in pochi anni) per far deprezzare lo yen e riprendere la Borsa di Tokyo (se, quantomeno nel breve, le aziende giapponesi hanno più facile accesso a più credito a bassi tassi e sono rese più competitive dalla svalutazione dello yen, allora l'effetto sul mercato azionario è logicamente positivo).

È bastato l'annuncio di acquisto di titoli del debito pubblico (emessi dal ministero delle Finanze, su indicazione del governo) da parte della Banca Centrale (che li paga con moneta appena creata "dal nulla" sempre su indicazione del governo: della serie, con una mano vendo e con l'altra ricompro) a rinnovare la fiducia nei consumatori e negli investitori in Giappone.

È bastato l'annuncio della nomina di Kuroda a rafforzare tutto ciò (facendo in parallelo arrabbiare i primi ministri e i ministri dell'Economia di larga parte degli altri paesi), dando l'impressione – almeno alla stragrande maggioranza degli elettori che lo hanno votato – che un nuovo miracolo economico sia alle porte, miraggio concreto e sogno realizzabile.

Passeggiando, ci ritroviamo improvvisamente a pochi passi da una nuova stazione della metropolitana, nello Shibuya Scramble, la mischia regolata di Shibuya, l'incrocio più affollato del mondo. Dall'altra parte dell'incrocio c'è la statua di Hachikō, dedicata al cane di razza Akita che attese per anni, invano, il ritorno del padrone ormai morto. Visto il mio amore sviscerato per i cani, è una delle cose che apprezzo di più della città, proprio come l'analoga statua dedicata al cane husky Balto a Central Park, a New York.

Decidiamo di fare tappa in un caffè (un *meido kafe*, un locale a metà tra la caffetteria tradizionale e il palcoscenico teatrale), in attesa di tornare dalle parti del ristorante.

«*Okaerinasaimase, goshujinsama*» ("Benvenuto a casa, padrone"), mi accoglie l'inserviente non appena entro con mia moglie, ignorata dalla cameriera (*meido* è la deformazione giapponese di *maid*, "cameriera" in inglese), che mi segue come un cagnolino vestito molto graziosamente accompagnandomi a un tavolo.

Mentre ordino un sakè e una piccola porzione di torta di riso (con la cameriera molto carina che continua a sorridermi, ignorando mia moglie come se fosse un fantasma), mi chiedo fino a quando il gioco di Abe potrà funzionare. Invece mia moglie si rifiuta di ordinare alcunché, preannunciando venti di guerra dopo l'ultimo dei sorrisi ossequiosi della cameriera-bambola di ceramica. Intanto io sono colto da un dubbio amletico, certamente non degno di un professore di economia.

Ma se la quantità di moneta raddoppia... e i granelli di riso rimangono gli stessi... aumenteranno il sakè e la torta di riso o semplicemente, nel lungo periodo, raddoppierà il loro prezzo?

Intendiamoci, non ce l'ho con i giapponesi o con il Giappone (nei confronti dei quali nutro grande simpatia e attrazione culturale, cameriere-bambole di ceramica comprese), e neppure con i loro politici e governatori centrali. L'idea di darsi come target non più la crescita del PIL "reale" (ovvero, calcolato al netto dell'inflazione), ma quella del PIL "nominale" (comprensivo dell'inflazione), è stata anzi promossa da vari governatori del mondo occidentale (tra questi, Mark Joseph Carney, ex governatore della Banca del Canada e adesso di quella inglese).

Come dire: in questa sperduta isola tropicale (quella di Robinson Crusoe) in mezzo all'oceano si producono 10 noci di cocco per un valore di 10 euro (costando 1 euro l'una). Posso arrampicarmi più spesso sugli alberi e piantarne di nuovi facendoli crescere per aumentarne la produttività nel tempo (anche se mi costerà tempo e fatica), oppure posso stampare più euro, una valanga addirittura, esattamente il doppio, e aspettare all'ombra delle palme.

Se l'economia è chiusa (essendo l'isola ovviamente isolata dal mondo) e ci sono il doppio di moneta in circolazione e le solite 10 noci di cocco, alla fine il PIL reale sarà sempre pari a 10, ma quello nominale sarà pari al doppio (essendo, per effetto dell'inflazione, il costo delle singole noci aumentato fino a 2 euro ciascuna). Insomma, basta cambiare le regole di calcolo (e le politiche monetarie) e anche gli obiettivi più ambiziosi di crescita saranno raggiungibili. Basta accontentarsi, perché le noci di cocco saranno sempre quelle.

E che dire poi delle ormai famose guerre valutarie? Anche su questo i governi dei paesi internazionali si stanno interrogando, preparandosi a indossare i guanti da pugile. Svaluto lo yen del 30% e, all'improvviso, tutti i prodotti realizzati da aziende giapponesi saranno immediatamente più competitivi (esattamente del 30%) e sarà più economico fare turismo (e shopping) in Giappone per gli stranieri.

Come dire: le isole adesso sono due, una produce noci di cocco (quella guidata di Robinson) e l'altra banane (quella guidata dal suo ex fido Venerdì che si è messo in proprio); sempre per ipotesi, la prima utilizza il crusoe come moneta di conto e la seconda il venerdì. Inizialmente, a 1 crusoe corrispondono 2 venerdì. A un certo punto Venerdì, che vorrebbe rinvigorire l'occupazione dei suoi co-isolani, decide di svalutare la sua moneta, così che 3 venerdì corrispondano a 1 crusoe. Il risultato è che Robinson inizia ad andare più spesso in vacanza sull'isola di Venerdì, che peraltro inizia a esportare di più, proprio all'isola di Crusoe (non avendo altra scelta).

Ma l'occupazione che si viene a creare nella sua isola corrisponde alla disoccupazione "esportata" nell'isola di Robinson, che con l'economia in crisi a casa sua smetterà a un certo punto di andare in vacanza e non potrà più permettersi di importare. Dopo qualche tempo sceglierà – quasi inevitabilmente – di rispondere alla "svalutazione competitiva" del venerdì con un'altra ancora più significativa del crusoe (di qui i concetti di "guerra" e di "legge del taglione", che gli anglosassoni chiamano più elegantemente *tit for tat*). Insomma, chi la fa l'aspetti, e le bucce di cocco e di banana sono sue.

Inoltre, c'è un insegnamento in più da considerare. Se non ci fossero i crusoe e i venerdì, se proprio non ci fossero monete (o ce ne fosse solo una, il che per questo ragionamento è equivalente), allora il commercio e lo sviluppo dei consumi avverrebbero attraverso lo scambio. Forse, per pura ipotesi, quest'ultimo arriverebbe a indicare che a due banane corrisponde una noce di cocco. Ovvero io, consumatore razionale "medio" (dell'una o dell'altra isola non ha importanza), sarei indifferente rispetto all'ipotesi di cenare con una noce di cocco o con due banane.

Questa è la condizione di equilibrio dell'economia. La corrispondenza tra diversi valori "reali" che risulta dall'interpolazione dinamica (il confronto) tra domanda e offerta. La domanda sarà influenzata dai miei gusti, dal frutto in voga del momento, dalle necessità caloriche. E l'offerta dalla disponibilità relativa e assoluta di cocchi e banane. Qualsiasi disallineamento provocato dall'inflazione o dalla svalutazione, dallo stampaggio "lassista" di moneta o dalle guerre valutarie, sarà solo temporaneo, incrinando nel breve periodo i meccanismi di allocazione ottimale del mercato, ma non avrà effetti nel lungo periodo.

L'equilibrio economico tra i valori reali è *cool*. Tutte le altre furbate monetarie e valutarie sono indolenza e decadenza: non aumentano né le noci di cocco né le banane, e possono solo peggiorare il corso dell'economia globale, riportandola all'autarchia (io raccolgo cocco e solo quello mangio, e di banane non ne voglio sapere – o viceversa). Meno diversità, scelta e ricchezza per tutti, quindi.

Incidentalmente, trovandomi adesso a passeggiare davanti a un negozio di frutta situato accanto a una boutique di Cartier, noto con orrore i prezzi di una banana (che vendono da queste parti in scatole di legno eleganti, con tanto di velluto all'interno), o di una mela, pera, arancia. Per le ciliegie, invece, sono previste condizioni di favore per l'accensione di un mutuo...

Tutto questo non è ovviamente colpa di Abe e di Kuroda (e neppure di Carney), ma della poca terra buona che in Giappone è destinabile alla coltura di frutta e verdura. Ed è colpa del fatto che il commercio internazionale funziona oggi molto bene (molto meglio del dopoguerra, almeno), ma con i beni deperibili è sempre meno efficace, a causa delle spese di trasporto (far volare le ciliegie mature da Vignola a Tokyo è ancora molto costoso, nonostante la World Trade Organization e le politiche di stabilizzazione *ad equilibrium* dei cambi valutari).

Per avere più frutta, e per averla a prezzi inferiori, occorre lavorare sodo, piantando più alberi o trattandoli più frequentemente, per aumentare la produttività delle colture, o la competitività dei trasporti internazionali: per avere più noci di cocco e più banane, e non già noci più costose o più banane per cocco (nel breve periodo).

Bisogna credere ai propri progetti di sviluppo "reali" e non solo "nominali", per avere albicocche grosse come pesche, e pesche grosse come meloni, e meloni come cocomeri, come mi diceva mio nonno, che era contadino ma capiva benissimo che, se la frutta cresceva di prezzo, non necessariamente era più buona e valeva di più.

Se lo dovrebbero ricordare, qui a Tokyo come da molte altre parti.

La geisha di Kyoto

La cena al noto ristorante giapponese segnalato dalla guida Michelin è stata alquanto deludente. Conto salato (giusto per parlare di prezzi) e, alla fine, sushi e sashimi che puoi mangiare anche in Brera a Milano, o forse peggio.

Unica differenza è che stai seduto su scomodi sgabelli, con il piatto sul tavolo di lavoro del cuoco che è anche cameriere (alla faccia della specializzazione). Nel senso che ti prepara i pezzi davanti agli occhi: appallottola il riso, affetta il pesce crudo, li avvolge in foglie d'alga bollita e te li mette, direttamente con le sue mani e ovviamente senza l'ausilio di posate, nel piatto.

Vige poi la regola che, per ogni portata, il numero di pezzi di sushi e sashimi è sempre doppio per l'uomo, e la donna (oltre a poterne mangiare la metà) è sempre servita per ultima. Insomma, quel che si dice sulla struttura ancora maschilista della società giapponese è tutt'altro che fantasia.

Ricordo in proposito una cena tenuta a Londra qualche mese prima, assieme ad alcuni colleghi, con il presidente della banca d'investimento nipponica per cui lavoravo ai tempi del mio viaggio in Giappone. Il presidente, anzi il Presidente con la "P" maiuscola (vera figura patriarcale per la banca, ben oltre il significato manageriale normalmente attribuito in Occidente), ci aveva chiesto a un certo punto quante sere la settimana cenassimo a casa con nostra moglie. Uno dei miei colleghi, interrogato per primo, preso dal terrore e non sapendo cosa rispondere, aveva deciso di procedere alla democristiana argomentando un "tre sere e mezzo la settimana" – come dire, tre volte cena a casa e una solo per antipasto e primo.

Il Presidente ci aveva risposto che assolutamente no, lui cenava tutte le domeniche con la moglie (cioè solo una volta la settimana), vantandosene come uno che tenesse molto alla famiglia. Perché qui in Giappone, quando esci dall'ufficio, tutti (tua moglie compresa) si aspettano che te ne vada a ubriacarti da qualche parte con gli amici e i colleghi e te ne torni a casa sbronzo di sakè.

Se poi sei nel business, tutte le sere vai a cena con altri uomini d'affari, perché è questo che la tua azienda si aspetta, per darti un tono e far vedere che sei "produttivo" e "lavori sodo". Insomma, se ceni a casa sei uno sfigato e tua moglie, desiderosa che tu, e quindi lei e la tua famiglia, abbiate un degno posto in società, alla terza cena a casa si preoccuperà e inizierà forse a pensare di tradirti: visto che non vali niente e sei a un passo dal licenziamento.

La natura maschilista della società giapponese è comunque già molto cambiata (in meglio) rispetto al passato. E a testimonianza di questo non posso non menzionare il nostro successivo viaggio a Kyoto, l'antica città imperiale del Giappone, dove ci rechiamo appena terminati i primi 2 giorni di *roadshow* a Tokyo.

Ci arriviamo con mia moglie, colleghi e cliente a bordo di un *bullet train* (uno dei treni superveloci della Shinkansen, la rete ferroviaria ad alta velocità), che unisce le due città a una media di circa 300 chilometri orari. La cosa che m'impressiona di più di questo treno non è tuttavia la velocità (appena percettibile), o la levitazione magnetica che lo fa galleggiare sulle rotaie (non visibili), quanto la precisione al secondo dell'orario d'arrivo e la fermata millimetrica alla stazione (trovi indicate per terra, lungo la banchina d'attesa, le frecce numerate di accesso alla porta di ciascuna carrozza, che risultano sempre e ineluttabilmente allineate al centimetro).

Dopo una prima giornata dedicata agli incontri di lavoro, ci ricaviamo il weekend per la visita della città, famosa per i lavori del Protocollo (il trattato internazionale in materia ambientale), per i molti templi e giardini zen annessi e – diciamocelo francamente, con il qualunquismo e l'ignoranza occidentale di cui siamo portatori – per il noto "quartiere delle geishe" di Gion.

Tra strette vie e case minuscole, tipicamente costruite su un'intelaiatura di pali e travi di legno su cui s'inseriscono le pareti esterne (pannelli scorrevoli in legno e carta di riso), ci addentriamo alla ricerca di un ristorante caratteristico. Molte delle case tradizionali sono "case da tè", dove storicamente i ricchi maschi di Kyoto (dai samurai dei tempi antichi fino agli uomini d'affari dei giorni nostri) venivano intrattenuti.

Per intenderci, Gion non è né è mai stato un quartiere a luci rosse, sebbene nell'immaginario occidentale abbia spesso assunto tale reputazione a causa della confusione tra la figura della geisha e quella della prostituta. Oggi molte sale da tè sono ristoranti, e infatti, dopo aver camminato per una decina di minuti, ci addentriamo in una di queste. Una geisha truccata pesantemente, sui 60-65 anni, ci accoglie come di consueto, con mille convenevoli nei miei confronti e ignorando mia moglie.

Sia detto per inciso, il nome "geisha" (*geiko* nel dialetto di Kyoto) significa "artista", una donna istruita per anni circa il modo migliore di cantare o recitare poesie o condurre giochi, o servire l'immancabile tè all'uomo suo ospite. Tradurlo con "prostituta" è dunque anche etimologicamente sbagliato.

La donna ci accompagna in una sala di un 3 metri quadrati in cui devo entrare chinando la testa. Ci accomodiamo a sedere per terra, ordinando una serie di piatti tipici a base di tofu, per la maggior parte disgustosi. Per quanto la stanza sia piccola, la geisha con il viso dipinto di bianco, i capelli cotonati e raccolti, le ciglia disegnate e le labbra di un rosso innaturale, rimane seduta in un angolo, sempre pronta a versarmi del tè o a porgermi nuovo cibo non appena io manifesti l'intenzione di rifornirmi il piatto (mia moglie, che osserva irritata, deve invece arrangiarsi e viene trattata al solito come un fantasma).

La cosa va avanti per tutta la durata del pranzo finché, avendo terminato, chiedo alla signora una sua gentile indicazione per la toilette. Strascicando i suoi piccoli piedi con passi minuscoli, mi fa strada verso il bagnetto per gnomi al piano inferiore (gli scarichi dell'acqua si trovano solo lì). La cosa strana è che insiste ad accompagnarmi fino al bagno, anzi addirittura *dentro* il bagno. Poi, dopo qualche imbarazzo, capisco il motivo quando con cenni insistenti mi fa capire che intende aiutarmi nella minzione. Giusto per non farmi sporcare le mani, come antica cortesia comanda nei confronti degli ospiti e delle persone (uomini) importanti.

C'è chi legge decadenza e addirittura peccato, in questo. Io ci leggo (in senso positivo) anche l'opportunità di ripartire da un nuovo punto di vista politico ed economico (e lo dico anche per l'Italia, e con riferimento alla stessa professione del consulente, ancora troppo dominata dagli uomini), valorizzando tutte le potenzialità dell'altra metà della popolazione che, forse proprio per la storia millenaria che ha dovuto subire, ha oggi più voglia di mettersi in gioco, più energia vitale e meno tentazioni a indulgere nelle facili certezze del "non cambiamento".

Il futuro è inevitabilmente rosa, insomma. E lo dico da uomo (ma pensando anche a mia figlia piccola).

Per un pugno di rocce

Oltre alla politica di ancora scarsa integrazione fattiva delle donne (geishe e non) nella società e nel mercato del lavoro, la lista dei punti deboli del Giappone è divenuta lunga dai tempi (anni '80) della sua straordinaria affermazione quale seconda superpotenza economica mondiale.

Con una Borsa che ha raggiunto i suoi massimi 23 anni fa e continua a scendere (tralasciando al momento le "siringate" monetarie di Abe)... Con un debito pubblico che è – incredibile a dirsi – quasi il doppio di quello italiano... Con le sue – una volta terribili (in senso competitivo) – aziende tecnologiche che stanno prendendo sberle dai sudcoreani e dalla Silicon Valley... Con una popolazione che diminuisce e invecchia (con un tasso di "voglia di lavorare, saltami addosso" sempre più elevato tra le poche giovani leve)... E, infine, con costi di ricostruzione, dopo lo tsunami e il disastro nucleare di Fukushima, che hanno tanti zeri da risultare illeggibili... be', il futuro del paese non appare affatto roseo.

Molti parlano del Giappone come del *"Greek-style disaster next in waiting"*. La prossima Grecia da salvare, se non fosse che il paragone non sussiste per le dimensioni dell'economia esponenzialmente più grandi.

Io mi sono fatto un'idea diversa, proprio a partire dalla *Tokyo decadence* descritta: grave e da non sottovalutare, ma che ha anche molti lati positivi, a volerla affrontare non con l'indolenza di cui abbiamo variegata e ripetuta testimonianza nel mondo politico orientale e occidentale, ma con la decisione e la leadership che sembrano dimostrare il nuovo primo ministro e, dopo di lui, il nuovo governatore della Banca Centrale giapponese.

Il primo nemico di Abe è infatti l'indecisionismo politico (il *kimerarenai seiji*) che, nonostante l'enorme ricchezza accumulata nei decenni del dopoguerra, ha portato il paese a non uscire mai, neanche per sbaglio, dal lungo percorso di decrescita e deflazione in cui si trova tuttora. Il suo focus è tutto sull'economia, sul creare e distribuire nuovo conio come conseguenza di politiche fiscali e monetarie espansive – tese soprattutto a mettere fine al decremento ventennale nel livello dei prezzi. Almeno sta facendo qualcosa, l'amico Shinto, o sta dicendo di farlo.

Il solo annuncio di tutto questo, della sua *Abenomics agenda*, oltre a contribuire a fargli ottenere quasi il 70% dei consensi, ha già fatto indebolire (solo sulle aspettative, si badi bene) lo yen, ed è quindi servito a rafforzare la competitività all'estero delle aziende giapponesi, e dunque a far crescere la Borsa e (anche per l'effetto "ricchezza" sui risparmiatori investiti in questa) di conseguenza i consumi.

Si diceva in passato (alla luce dell'indipendenza duramente conquistata nel tempo dalle Banche Centrali rispetto al governo di turno): «Mostrami le riforme strutturali e ti mostrerò il denaro» (la stessa cosa la stanno chiedendo la BCE e il governatore Mario Draghi ai paesi europei che sono costretti a ricorrere agli aiuti comunitari – a partire da Grecia, Irlanda, Spagna e Portogallo). Qui invece è il primo ministro che dice (alla Banca Centrale): «Mostrami i soldi, e poi vedremo». Il che potrà anche essere vero e funzionare per il meglio, specie se la nuova moneta in circolazione, con un'inflazione moderata ma non negativa, finirà per essere investita e utilizzata per consumare e per fare investimenti produttivi, piuttosto che essere messa in cassaforte a giacere inutilizzata come capita oggi.

Ma potrebbe anche finire peggio, ingenerando una serie di altre "svalutazioni competitive" a reazione (da parte dei brasiliani, ad esempio, e poi degli inglesi e degli svizzeri, e poi degli americani e dei cinesi...); o una spirale inflazionistica derivata dal fatto che, se l'aspettativa espansionistica dell'Abenomics avesse "fin troppo successo", investitori e consumatori si immagineranno tassi d'inflazione crescenti nel tempo: dunque un costo della vita più caro, che condurrà a richieste salariali più elevate, che guiderà nuovi rincari e tassi sugli investimenti più elevati, eccetera, in un circolo vizioso (è la *self-fulfilling prophecy* degli anglosassoni).

Certo, uno scenario alla Weimar è lontano mille miglia da quello attuale di Tokyo. Ma si sa che gli opposti si attraggono e che tutto nella storia si ripete, almeno una volta.

D'altronde, l'iperinflazione non è neppure il peggiore dei mali, quando le cose non vanno. Quando la montagna dei debiti diventa ingestibile, troppo grande per essere ricondotta a ragionevolezza attraverso virtù, i regnanti di turno hanno seguito tre soluzioni: tutte e tre ripetutamente testate con successo nella storia.

La prima soluzione, si è detto, è stampare moneta e creare inflazione, buggerando i più deboli, che solitamente sono i meno informati su quello che sta succedendo.

La seconda, alternativa allo stampare moneta per ricomprarsi il debito, riguarda il suo consolidamento (il pagamento "a babbo morto", ovvero quando mi andrà), o la ristrutturazione (una variante nominalmente meno invasiva: ti pago in 30 anni invece che in 3, e ti do l'1 invece che il 10% d'interesse... vi ricorda qualcosa?). Il che vuol dire buggerare i più deboli, che hanno di solito meno potere negoziale.

Ma la terza soluzione è la peggiore, ovvero la guerra. Che parte di consueto dal fomentare facili nazionalismi, ed è seguita dalla definizione di una qualche causa inutile e indegna di essere combattuta, e dall'identificazione di un nemico odiato utile a dimenticare i tanti problemi di casa propria. Il che di nuovo implica che a rimetterci (e in questo caso sul serio) siano i più deboli, costretti a rischiare la pelle per il tiranno di turno.

Mai sentito parlare delle piccolissime isole Senkaku (qui in Giappone le chiamano così, mentre in Cina sono conosciute come isole Diaoyu)? Queste cinque isole rocciose, disabitate e inabitabili, dimenticate nel bel mezzo del Mar Cinese, sono oggi al centro di delicate discussioni ai massimi livelli politici e militari.

Con il Giappone che ha deciso di ricomprarsele da un privato per 26 milioni di dollari (per farci cosa, poi? E perché proprio adesso?).

Con la Cina che sta invece proclamandone il possesso millenario (le scoprirono nel 1403, perdendone poi il controllo durante la guerra sino-giapponese del 1894-95), aggiornando le proprie cartine geografiche e posizionando nei pressi navi militari.

Con persino Taiwan che, piccolo Staterello tra i due grossi litiganti, le rivendica a sua volta!

Si è già rischiato un grave incidente, quando navi cinesi hanno sconfinato nelle acque territoriali giapponesi. Ed è proprio un atto del genere che potrebbe dare il la a un'*escalation* militare difficilmente prevedibile (essendo il Giappone alleato con gli Stati Uniti, e gli Stati Uniti obbligati a intervenire in caso di attacco al Giappone, nonché interessati ad arginare il crescente strapotere economico e militare della Cina in Asia).

Ci sono le condizioni per una guerra potenzialmente mondiale, e tutto ciò... per un pugno di scogli. Sembra impossibile, eppure è già capitato molte volte, nel passato.

Meglio il consolidamento e la ristrutturazione del debito, allora. Meglio ancora la moneta e l'inflazione, per carità. E le guerre valutarie scatenate da chi ne stampa di più, buttandola persino dalla finestra, inondando le piazze delle città con una pioggia fitta di banconote lasciate cadere da centinaia di elicotteri (evitando magari le monete metalliche).

Meglio sarebbe ancora, a pensarci bene, prendere le redini del proprio destino, mostrandosi tutti disposti a sporcarsi le mani. Non cedendo alle lusinghe di chi promette facili soluzioni, o all'indolenza che è parente stretta della decadenza.

Meglio darsi da fare e stringere la cinghia... o chiudere la cerniera, mi viene da dire ripensando alla geisha dello strano ristorante di Kyoto.

Certo, la mia reazione sarebbe stata differente – mi prende in giro mia moglie quando, ormai a debita distanza dal ristorante, le racconto l'episodio imbarazzante – se quella donna fosse stata bella e giovane.

Come dire, di necessità virtù.

E di virtù... necessità.

La rivoluzione dello *shale gas*:
il *fracking* e le sue implicazioni sugli equilibri geopolitici, economici e militari globali

Goorgle, goorgle, goo...

«Clindap, Ser? Du yuwanna yuglasses clindap?»

Mi sveglio di soprassalto, intorpidito dal sonno profondo tipico del cambio di fuso orario e dal sole cocente, e fatico a ricordarmi dove sia e che cosa stia facendo qui.

Il tizio davanti a me, un filippino di 50 chili scarsi che indossa una tenuta verde e oro da spiaggia, sorridente per nessun logico motivo, insiste con irritante gentilezza nella sua richiesta di *"clean up my glasses"* dalle lenti scure, che ho indossato per dormire meglio al sole.

Guardandomi intorno ancora parecchio stordito, realizzo di trovarmi su una spiaggia, col tranquillo mare verde-blu da una parte ed enormi grattacieli un po' sgraziati dall'altra. Sono atterrato poche ore fa all'aeroporto di Dubai, il più grande al mondo, dopo aver viaggiato di sabato notte da Milano. Avendo dormito quasi nulla durante il viaggio, appena arrivato all'hotel ho evitato la camera (per non cadere assopito sul letto e alzarmi a pomeriggio inoltrato) e mi sono recato direttamente alla spiaggia. La domenica da queste parti è lavorativa (ci si riposa il venerdì, oltre che il sabato) e, avendo un meeting di lavoro solo nel pomeriggio, ho pensato bene di prendere un po' di sole, visto che siamo in pieno inverno, almeno in Italia.

«Du yuwanna yuglasses clindap?» ripete l'assistente dell'hotel addetto al servizio in spiaggia. Il lavaggio degli occhiali da sole con liquido detergente e spruzzata in faccia con acqua di rose è compreso nel prezzo della camera, e lui ci tiene evidentemente a darsi da fare.

Provo a rimettermi a dormire dopo aver (quasi forzatamente)

acconsentito. Ho poche ore per recuperare il sonno della notte, e la spiaggia dell'hotel è poco frequentata e relativamente tranquilla: l'ideale per dormire in santa pace, nonostante il caldo umido sempre più opprimente.

Piombo nuovamente in un sonno pesante, ma dopo appena pochi minuti vengo scosso da un rumore infernale, simile a quello di una trivella, un grosso trapano che sembra scavare proprio sotto la mia sdraio, perforandomi direttamente il cervello.

Apro gli occhi e scorgo prima alcuni elicotteri che si aggirano rumorosi sopra la spiaggia, nei pressi di Dubai Marina, andando avanti e indietro. Poi, ancora più rumorose, delle barche a motore, hovercraft da competizione, che sfrecciano velocissime lungo un percorso ricavato tra l'ultimo lembo esterno della Palma, la zona della Marina e le spiagge dei vari hotel della zona.

E scopro con orrore che sono previste gare tutto il giorno. Per questo il filippino insisteva tanto nel volermi pulire gli occhiali!

Si tratta delle navi più veloci al mondo, mi spiega un altro degli inservienti dell'hotel, un indiano. Consumano tanta benzina quanto un panfilo 20-30 volte più grande per un tragitto 10-20 volte più lungo... Nei paesi del Golfo, per quanto riguarda il petrolio, non si bada a spese, perché costa poco. Se ne consumano tonnellate ad esempio per refrigerare gli altissimi grattacieli a temperature polari, e per mantenere innevata la pista da sci ospitata, 12 mesi all'anno, all'interno del Mall of the Emirates.

E se ne consuma anche di più per desalinizzare l'acqua del mare, non tanto per berla (visto che qui si fanno recapitare direttamente l'Evian dalla Francia e la San Pellegrino dall'Italia su aerei cargo che certo non "bevono" poco), quanto per farci laghetti artificiali per il parrocchetto cornuto della Nuova Caledonia (un uccello della famiglia degli Psittacidi) e per il pinguino della Patagonia (scoperto da Magellano nella Terra del Fuoco).

Si consuma così tanta acqua che, giusto per confondere le idee, esistono vari progetti sponsorizzati direttamente dallo sceicco per lo sviluppo di energia rinnovabile e a basso impatto ecologico (dai pannelli solari agli impianti con pale eoliche). Ne ho letto sui giornali in lingua inglese di queste parti, che ne raccontano le ambizioni con toni quasi da favola. È come se il sindaco di Napoli si mettesse a promuovere le pizze fatte con la farina di soia e il tofu al posto della mozzarella.

Intanto mi coglie di sorpresa un nuovo rumore assordante, che anticipa il primo passaggio delle barche *offshore* dopo la partenza volante. La gara continua almeno per una ventina di minuti e, dopo una breve pausa, riprende con un'altra batteria di concorrenti ancora più fracassoni dei precedenti. L'inferno, al confronto, me lo immagino più silenzioso (e meno umido: sono quasi le 11 di mattina e riuscirei a sudare anche completamente immerso nell'acqua del mare).

Rinuncio alle poche ore di relax che mi ero illuso di poter godere e, dopo una veloce doccia ghiacciata, sull'auto con autista che ho noleggiato lascio Dubai e mi avvio verso Abu Dhabi, l'isoletta sulla costa che dista da Dubai poco più di un'ora di viaggio (tempeste di sabbia e traffico permettendo).

Appena fuori dalla città di Dubai, osservo sulla sinistra un'enorme centrale per la produzione di energia che si sviluppa per vari chilometri. Qui viene bruciato tantissimo petrolio (molto più di quello che Dubai può produrre, tant'è che sono costretti a importarne dai cugini di Abu Dhabi) per ricavare l'energia elettrica che illumina le centinaia di grattacieli e li raffredda a temperatura polare, permettendo anche la desalinizzazione dell'acqua che serve a innaffiare i tanti parchi e giardini di cui l'Emirato più stravagante del mondo già dispone o intende dotarsi. Insomma, uno spreco pazzesco.

Passata la centrale, è tutto deserto (da una parte; dall'altra c'è il mare) fino al Ferrari World, il parco tematico, sempre all'insegna dei motori succhiabenzina, situato appena prima dell'ingresso all'isola di Abu Dhabi che, quanto a grattacieli illuminati e refrigerati e a parchi verdi, sta rapidamente recuperando la distanza rispetto alla ben più nota (ma povera di oro nero) cugina.

Riflettendoci, queste città ricordano un enorme imbuto in cui si riversa, giorno e notte, tutto quello che la terra permette loro di estrarre in abbondanza.

E anche di più, visto che ormai gli stessi Emirati stentano a essere esportatori netti di petrolio e hanno iniziato a importarne dai ricchissimi Qatar e Arabia Saudita.

Goorgle, goorgle, goo...

Datemi una trivella e perforerò il mondo

L'era del petrolio è piuttosto recente, anche se non lo si direbbe, a giudicare dall'impressionante *skyline* di Abu Dhabi, con le sue decine e decine di grattacieli, alcuni dei quali rettangolari e color oro, altri a forma di "supposta" con vetrate luccicanti e ricurve, protette da persiane elettroniche che si aprono e chiudono come

petali e sepali attorno al ricettacolo della corolla di uno splendi-
do fiore, automaticamente a seconda della posizione e dell'inten-
sità del sole.

Me ne rammento osservando alcune foto in bianco e nero dalle dimensioni importanti, incorniciate d'oro (intendo "cornice d'o-
ro", non "cornice laccata d'oro"), appese nella lussuosa sala d'attesa a uno degli ultimi piani della "supposta" in cui mi trovo ora.
Le foto risalgono a qualche decina di anni fa e mostrano l'isola di
Abu Dhabi all'epoca: deserto e mare, qualche baracca di pietra e
numerose tende, mercatini ambulanti di spezie e tessuti organizzati lungo le strade polverose e scassate, nel bel mezzo del traffico di cammelli e beduini di passaggio. Si vede anche qualche minareto, ben diverso da quelli alti e massicci di oggi, muniti di un
sistema wi-fi per la trasmissione in diretta *urbi et orbi* delle pre-
ghiere del giorno, udibili da qualsiasi angolo della città. Vedo anche ritratto l'embrione di un porto con qualche pietra e impalca-
ture di legno, nato – questo sì – in un tempo remoto per l'attracco
delle navi a vela impegnate nel commercio con la vicina Persia
(leggi: Iran).

Anche se la conoscenza del petrolio è piuttosto antica (da queste parti lo si utilizzava per il calafataggio delle navi), la sua estrazione fu avviata solo intorno a metà Ottocento, in Pennsylvania. E il
suo consumo su basi industriali prese piede dopo la scoperta, lo sviluppo e la diffusione massiccia del motore a combustione interna.

Da allora la domanda è continuamente cresciuta, salvo brevi
pause negli anni '70 e '80, così come il suo prezzo per barile di
"crudo" (dalla ventina di dollari del 1859 fino ai recenti picchi di
130-140 e oltre). In questo modo il petrolio, da liquido maleodorante buono solo per rifarci il fondo della barca, è divenuto "oro
nero", e gli sceicchi arabi che ne possedevano in quantità infinita-
mente ricchi, solo ad avere la pazienza di piantare una trivella nel
deserto e perforare il sottosuolo.

La domanda è cresciuta in particolare negli ultimi 30 anni, sia
per tutte le auto, le navi e gli aerei che lo utilizzano ancora come
principale combustibile, sia per molti altri usi, privati (riscaldamento, refrigerazione) e industriali (produzione di energia per i
settori manifatturieri, o trasformazione in plastica, colle e vernici
di vario tipo, ormai presenti in quasi tutte le cose che utilizziamo).
Insomma, il petrolio è intorno a noi, ci muoviamo e riscaldiamo (o
raffreddiamo) grazie a esso, e se venisse a mancare ce ne accor-
geremmo: probabilmente con lo stesso impatto (drammatico)
che avvertiremmo se mancasse l'acqua.

E anche se si parla di energie alternative, motori elettrici e weekend ecologici, la previsione di molti è che il consumo inerziale di petrolio continuerà a crescere, a causa della "sete" del nuovo ceto medio formato da miliardi di cinesi e indiani che si trovano oggi a guidare la loro prima auto o il loro primo scooter – a parità di altre condizioni.

Mentre osservo attentamente le foto dell'Abu Dhabi "pre-trivelle" di allora, confrontandola con l'Abu Dhabi "perforata" di oggi e la sua infinita distesa di grattacieli e vie che scorgo non senza fatica tra petali e sepali che si stanno richiudendo a bocciolo sulle pareti vetrate della sala d'aspetto, mi chiedo come sarà Abu Dhabi fra altri 30 anni.

Se, ad esempio, quell'ipotesi di *ceteris paribus* ("a parità di altre condizioni") fosse rimossa: considerando i notevoli progressi già realizzati e attesi nelle nuove tecnologie di mobilità elettrica e nelle auto o navi o persino aerei "ibridi"; o i nuovi utilizzi di gas "non convenzionali" (lo *shale gas* innanzitutto) che, pur essendo stati scoperti in abbondanza molti anni fa, solo recentemente sono divenuti fruibili e a costi sempre più convenienti grazie a nuove tecniche estrattive.

Se davvero la domanda di petrolio dovesse progressivamente ridursi, e poi addirittura crollare, allora gli effetti sarebbero innanzitutto geopolitici. Forse alcune posizioni di potere basate sul controllo delle risorse energetiche – vedi la Russia attuale – non potrebbero più reggersi indefinitamente. E altre di natura familistico-religiosa, fondate sulle grandi ricchezze disponibili – ad esempio quella dell'Arabia Saudita, che controlla oggi l'11% delle riserve di petrolio globali – non riceverebbero più le attenzioni e il supporto militare delle superpotenze mondiali, a partire dagli Stati Uniti.

In questo scenario, ci sarebbero ancora i filippini e gli indiani da queste parti, fra 30 anni? A lavorare per pochi dollari al mese e in condizioni spesso disumane (e non mi sto riferendo certamente all'addetto agli "*yuglasses clindap*", uno dei più fortunati tra le migliaia di lavoratori qui emigrati)?

Oppure i rapporti di forza tra questi paesi (destinati a breve a superare persino la Cina in termini di popolazione complessiva, oltre i 2 miliardi nel giro di alcuni decenni, contro le poche decine di migliaia di Abu Dhabi) si stravolgerebbero completamente?

Perché in tale scenario non avrebbe più senso trivellare il deserto alla ricerca di altro petrolio, tornato a essere non più oro nero, ma solo liquido maleodorante. E non avrebbe a quel punto più senso nemmeno costruire altri prestigiosi grattacieli nel mezzo del nulla, con tutta la terra disponibile in aree dal clima più mite e dal paesaggio più variegato.

Che vista della città mi troverei di fronte, fra 30 anni, da poter paragonare alle foto dell'Abu Dhabi di oggi?

Quale Abu Dhabi potrei osservare, scorgendola appena attraverso l'ultimo pertugio nel ricettacolo della corolla?

What the frack?

Il dirigente arabo che incontro alla Camera di Commercio (l'ormai ben nota *chambrakam*) mi spiega che, con la candidatura di Dubai e Abu Dhabi per la World Expo del 2020, la configurazione già estrema e avveniristica dei due Emirati potrebbe nuovamente cambiare, e in termini parecchio radicali.

La zona di Jebel Ali, equidistante dai due paesi, con i suoi 438 ettari dovrebbe ospitare l'evento. Di fatto una nuova città tra le città destinata a unirle, con un mastodontico centro congressi, un metrò superveloce, e ovviamente centinaia di hotel e di grattacieli a uso commerciale e residenziale pronti a ricevere 25 milioni di visitatori l'anno (rispetto agli attuali 9).

Insomma, un altro enorme imbuto destinato a ingurgitare fiumi di petrolio solo per essere mantenuto in esercizio: refrigerato e illuminato, con acqua desalinizzata e ascensori che evitino le scale ai turisti meno allenati (si sussurra anche del progetto per un nuovo grattacielo, più alto del Burj Khalifa, pronto a riprendersi il record assoluto di altezza se la Kingdom Tower a Gedda, nella ricchissima Arabia Saudita, riuscirà a superare come pianificato i 1.000 metri.

Al di là delle manie di grandezza del regnante di turno (della serie: il grattacielo ce l'ho più lungo io), c'è da chiedersi se ci sia sotto qualcos'altro, in questo quasi disperato tentativo degli Stati del Golfo di bruciarsi tutto il petrolio disponibile. Ne parlo qualche ora dopo con un imprenditore del posto che, inizialmente arricchitosi con l'estrazione e la raffinazione del petrolio, ha poi investito in molti altri settori, non solo nell'immobiliare.

«*What the frack is gonna happen?*» mi dice con un accento curiosamente americano (ha studiato per molti anni tra New York e Boston). «*We cannot really know, yet.*»

Non si riferisce ovviamente al vestito nero lucido da cerimonia, ma alla tecnica del *fracking* per l'estrazione dello *shale gas*, una sorta di petrolio alternativo (in forma mista, liquida e gassosa, ampiamente disponibile negli Stati Uniti e in altre parti del mondo).

George Mitchell, da molti ritenuto l'inventore di questa tecnica e recentemente scomparso, ha dedicato decenni di lavoro e di esperimenti (molti dei quali fallimentari) fino a perfezionare un sistema di iniezione nel terreno di acqua ad alta pressione: così potente da frantumare le rocce dalle quali questi gas "non convenzionali" sono trattenuti e protetti e creare percorsi di fuga, anche orizzontali, per la loro raccolta e canalizzazione verso la superficie.

Fracking e *shale gas* potrebbero rendere in un futuro non molto lontano quasi irrilevante il "tradizionale" petrolio estratto oggi dagli immensi giacimenti del Golfo (Arabia Saudita in testa, ma anche Qatar, poi Iran ed Emirati Arabi Uniti). Ve lo immaginate il prezzo del petrolio scendere sotto i 100 dollari al barile, o addirittura a 80, a 50, a 30 o meno ancora?

Sarebbe un disastro, da queste parti, se succedesse oggi, traducendosi immediatamente in deficit correnti mostruosi, in *default* del debito privato e di Stato (che in questa regione si confondono alquanto, essendo molte aziende private di fatto controllate dallo Stato e lo Stato in qualche modo associabile alla famiglia regnante, che nei diversi gradi di parentela ha molti investimenti privati attivi a livello locale e internazionale).

Fosse successo appena una decina di anni fa, non mi troverei di fronte tutti questi grattacieli che invece caratterizzano il centro di Abu Dhabi. Non ci sarebbero né il Ferrari World né l'Emirates Palace Hotel (un albergo da mille e una notte che ho erroneamente scambiato, la prima volta che l'ho visto, per il Campidoglio, il Colosseo e l'Altare della Patria del luogo, confusamente messi insieme per impressionare ancora di più).

«Sappiamo che prima o poi accadrà» continua il mio interlocutore. «Ma non sappiamo quando. Per questo corriamo, facciamo tutto in fretta, anche quando non ce ne sarebbe apparentemente la necessità.»

Cerco di spiegare meglio il suo pensiero. Già oggi Dubai (che di petrolio ne ha sempre avuto pochissimo) è un affermato centro turistico e finanziario; molti altri settori del "terziario avanzato" si stanno espandendo, tra sussidi, incentivi fiscali (leggi: zero tasse nelle *free trade zones* per le aziende e zero tasse ovunque per le persone) e politiche economiche – diciamocelo francamente e con un minimo d'invidia – "illuminate". Qui lo sceicco pianifica lo sviluppo di un distretto dell'auto, o della farmaceutica legata alla ricerca genetica, o delle nanotecnologie per applicazioni industriali. Mentre in Europa ci preoccupiamo ancora di discutere delle "quote latte" come prerogativa di difesa degli interessi nazionali (le mucche), e di preservare la produzione di vino DOC e DOP come se si trattasse di una formula segreta dal potenziale impiego militare (il temibile Chianti d'annata).

Anche Abu Dhabi e gli altri Stati aderenti al Consiglio del Golfo (Arabia Saudita, Kuwait, Qatar, Bahrain, Oman ed Emirati Arabi Uniti, di cui Abu Dhabi e Dubai fanno parte) stanno seguendo strategie simili di "diversificazione", vendendo o consumando il petrolio che estraggono per comprare, costruire, far funzionare cose in grado di creare fonti di reddito alternativo. E il vero valore di questo "alternativo" è non già riferito a quattro pannelli solari nel deserto e a sette pale eoliche in mare aperto, ma ad altri business – dalla manifattura ai servizi, alle alte tecnologie – capaci di garantire ricchezza, crescita e occupazione ai paesi del petrolio anche quando il petrolio non ci sarà quasi più.

O, peggio ancora, quando non varrà quasi più niente, perché superato da altre fonti energetiche a minor costo e più abbondantemente disponibili a livello mondiale, e non solo sotto la sabbia del deserto.

Il gas che viene dall'inferno

Mentre sfoglio le pagine del "Financial Times" durante il viaggio in auto di ritorno a Dubai, rimango colpito da una foto scattata dal satellite. Mostra lo Stato americano del North Dakota di notte, come se fosse illuminato a giorno.

Non si tratta di decine di metropoli che, in realtà, in quella regione non esistono, ma dei fuochi dei gas estratti dal terreno attraverso la tecnica del *fracking* (circa un terzo del gas estratto va perduto, bruciando all'uscita dal pozzo e disperdendosi nell'ambiente circostante – un dettaglio a cui Mitchell e i suoi eredi non hanno ancora trovato soluzione).

La formazione Bakken, nel North Dakota, rappresenta uno dei giacimenti più ricchi di *shale gas*. Era noto da tempo, ma non era "economicamente sfruttabile"; ovvero, costava di più scavare di quanto si potesse ricavare dalla vendita di ciò che si sarebbe trovato.

Con il *fracking* tutto ciò è cambiato.

Questa tecnica di "fratturazione idraulica" consiste – come ho già accennato – nel pompare ad altissima pressione negli strati di roccia scistosa grandi quantità di acqua dolce mescolata a sabbia e ad altre sostanze (alcune delle quali tossiche), così da creare crepe attraverso le quali le bolle di gas naturale intrappolate in profondità possano risalire in superficie.

C'è ovviamente da chiedersi dove venga presa tutta quest'acqua dolce, o come sia possibile evitare che questa, uscita bella sudicia e tossica dopo l'estrazione, vada a inquinare le falde acquifere destinate all'agricoltura e all'uso umano. I liquidi impiegati per il *fracking* destano particolare preoccupazione, poiché contengono alcune sostanze di cui si conosce o si sospetta un'elevata tossicità e cancerogenicità. Ma negli Stati Uniti è tutto lecito.

La cosiddetta "scappatoia Halliburton" (dal nome della società che, tra le prime, ha brevettato la tecnica del *fracking*), approvata durante l'amministrazione Bush (il petroliere), esenta l'industria petrolifera dal rispetto della legge che tutela le riserve idriche.

Come dire: prima la benzina, poi l'acqua.

Oltre agli impatti negativi (certi) sulla qualità dell'aria e dell'ecosistema, rimane l'incognita del rischio terremoti. La frantumazione profonda delle rocce sottostanti la crosta terrestre potrebbe avere un effetto collaterale da "grande shaker", producendo uno sciame di piccole scosse sismiche e smottamenti del terreno. Inoltre, più si sperimenta la trivellazione in profondità, infatti, più si scopre che gli strati ritenuti impermeabili possono rivelarsi sorprendentemente permeabili, e che tra le fratture nella roccia si creano spesso inattesi collegamenti.

Insomma, dipinti da alcuni come "manna dal cielo" e da altri come il gas e la tecnologia venuti "dall'inferno", dello *shale gas* e del *fracking* si discuterà a lungo, prima che una posizione chiara e definita diventi globalmente condivisa.

In Europa potremmo parlarne anche più delle quote latte e dei vini DOC e DOP, prima di deciderci a fare qualcosa assumendo una posizione comune, nel bene e nel male.

Certamente, gli impatti di questa nuova rivoluzione energetica si faranno sentire molto prima, non solo negli Stati del Golfo, e ben oltre i confini dell'economia.

Io drono, tu droni, egli drona

Il giorno successivo arrivo a Riyad, centro industriale e finanziario dell'Arabia Saudita. Una città in mezzo al deserto, situata su un grande altopiano, inondata di cemento, acciaio e vetro come le altre città degli Emirati. Le quali però in confronto sembrano Disneyland, tanto qui l'ambiente è monotono ed essenziale – non c'è neanche il mare, e l'applicazione della Shariah, la legge islamica, è molto più rigida (non trovi una birra in hotel neanche a pagarla oro, nonostante i 48-50 gradi diurni medi che caratterizzano la stagione estiva).

Sfogliando uno dei settimanali locali in lingua inglese offerti in lettura nella *lounge* della compagnia aerea Emirates, scorro con interesse un articolo dedicato alla "moda del momento", l'acquisto di droni per uso pubblico o privato, di qualsiasi dimensione: dal pappagallo utilizzato a fini "informativi" all'aeroplano impiegabile anche per scopi bellici, ad esempio nel vicino Iran, dall'altra parte del Golfo.

I droni – intendendosi con questo termine qualsiasi apparecchio tecnologico in grado di volare senza la necessaria presenza dell'uomo a bordo – hanno acquisito parecchia notorietà ai tempi delle prime azioni militari americane in Afghanistan e, da allora, sono divenuti per molti sceicchi il sogno proibito, ovvero la prossima Rolls-Royce da tenere in garage.

In Arabia Saudita e in Kuwait, in particolare, l'acquisto e la collezione di droni sta rapidamente prendendo piede, assieme alle spese militari che pongono i due Stati tra i primi dieci "spendaccioni in armi" al mondo. Spese in larga parte rivolte ad armi supertecnologiche e a brigate di mercenari professionisti, perché di soldati locali ce ne sono davvero pochi: un po' perché la popolazione locale è numericamente limitata; un po' perché si ha l'impressione che decenni di facile ricchezza abbiano impigrito le teste calde del luogo, nonostante la tradizione guerriera degli antichi beduini.

C'è un collegamento tra la moda dei droni, le spese militari "autoctone" e la rivoluzione dello *shale gas*. Basta unire i puntini di questo intricato puzzle.

I paesi del Golfo, scarsamente popolati e con risorse naturali (al netto dell'oro nero) praticamente assenti, sono tra i più ricchi al mondo grazie al petrolio che estraggono ed esportano. Potenzialmente indifesi, sono però storicamente alleati strategici degli Stati Uniti, che sono stati nel tempo i loro principali clienti-importatori di petrolio, materia prima alla base della loro crescita economica e pilastro fondamentale della loro potenza militare globale.

Cosa succede se uno Stato bello grosso (relativamente parlando) ma povero di petrolio (sempre relativamente parlando) ne attacca, invade e annette in poche ore un altro più piccolino e indifeso che tuttavia nell'oro nero ci naviga (leggi: Iraq e Kuwait)? L'America s'arrabbia e dopo qualche tempo l'equilibrio è ristabilito. Lo Staterello si riprende la propria autonomia politica e torna a esportare negli Stati Uniti.

Ma cosa succederebbe se – udite udite! – dal 2015, grazie ai giacimenti di *shale gas*, alla tecnica del *fracking* e alla "scappatoia Halliburton", gli Stati Uniti non solo conseguissero l'indipendenza energetica, ma diventassero addirittura esportatori netti di energia?

Ad esempio, il costo di produzione di qualsiasi azienda americana (riducendosi il costo primario dell'energia) potrebbe diminuire, aumentandone la produttività (la traduzione di input in output) e la competitività ai danni delle aziende di paesi "affamati di energia" (Unione Europea, Cina, India e Giappone, giusto per dare un'idea).

Oppure, gli Stati Uniti potrebbero divenire ancora più ricchi e potenti se, esportando il loro *shale gas*, ne utilizzassero le rimesse per ridurre il deficit corrente e il debito pubblico, costruendosi uno scivolo di uscita sicura e veloce dal "dirupo fiscale" (il noto *fiscal cliff*).

Ma potrebbe anche succedere che il prezzo del petrolio, dovendosi adeguare al costo di altre energie alternative largamente disponibili e poco costose e alla ridotta domanda mondiale causata dalla recuperata autosufficienza energetica americana, precipitasse rapidamente, con i già ricordati effetti sui bilanci degli Stati del Golfo.

E così, infine, la sicurezza stessa degli Stati del Golfo non risulterebbe più garantita come in passato. Se l'Iran dovesse invadere gli Emirati per trasformare il Burj Khalifa in minareto, o per assicurarsi la pista da sci del Mall of the Emirates a pochi passi da casa, quali interessi geopolitici spingerebbero gli Stati Uniti a intervenire?

Chi difenderebbe il ricco Qatar, o l'isoletta del Bahrain? Chi Djerba (con il suo grattacielo nuovo fiammante da 1.000 metri) e chi Kuwait City?

Non per pensare male, ma intanto l'amministrazione Obama ha già dichiarato lo "spostamento del peso militare" dal Medio Oriente all'Asia, ad esempio nel Mar Cinese, dove si gioca la vera partita economica del prossimo decennio, con miliardi di consumatori da servire e non pochi milioni come qui. Che poi si tratti di difendere cinque isolette rocciose in mezzo al mare, al posto di quattro dune di sabbia e un'oasi nel deserto, poco importa.

Come consulente non mi occupo certo di equilibri geopolitici e di strategie militari, ma davvero non puoi pretendere di dare buoni consigli se non cerchi di comprendere la *big picture*, il quadro complessivo, o "l'affresco michelangiolesco", come mi diceva un mio cliente, direttore generale di una grande banca italiana, molti anni fa.

La rivoluzione energetica del *fracking* e dello *shale gas* renderà la crisi finanziaria una piccola cosa, e lo sviluppo del World Wide Web e dell'e-commerce un *pet project* futile quanto carino. Perché dobbiamo sempre ricordarci che tutto quello che facciamo, dalla finanza al turismo, dalla manifattura all'agricoltura, è spinto da *energia*. E se questa diventa più abbondante e meno costosa, allora le regole del gioco cambiano drammaticamente per tutti – anche se in modo diverso, come al solito determinando *big winners* e *big losers*. Con l'Italia (e l'Europa intera dietro di lei), apparentemente povera di *shale gas* e comunque troppo impegnata in altre questioni "prioritarie" per preoccuparsi del *fracking*, destinata anche a questo giro a ritrovarsi dalla parte sbagliata.

Perciò, come consulente, suggerirei non solo agli arabi di darsi da fare per diversificare in fretta un'economia basata sul petrolio.

E consiglierei ad altre economie come quella italiana, non basate sul petrolio, povere di *shale gas* – e che magari ancora confondono il *fracking* con l'abito a code da indossare in pendant con il papillon – di darsi una mossa, al doppio della velocità e della determinazione richieste agli arabi per provare a scamparla.

Riuscendo a far passare il cammello per la cruna dell'ago.

Sogno di una notte di mezza estate

Sono di nuovo a Dubai, in pieno centro, accanto al laghetto con le fontane a getto verticale più alte e potenti del mondo. Ma l'acqua è stagnante, essendo il livello sceso di parecchio per l'evaporazione, e la muffa verdeggiante che si è creata appare evidente lungo i bordi.

Benché sia sera, è molto caldo e umido – siamo in estate, in pieno Ramadan. Mi dirigo verso il Dubai Mall per cercare un po' di refrigerio. Illuminato appena da candele e da fiaccole poste ai lati

degli enormi saloni, all'interno la temperatura è ancora più elevata, con l'umidità che pare essersi rintanata in ogni dove, rovinan-
do i drappi colorati che adornano le sale dei punti vendita, infe-
stando l'aria dei ristoranti, delle boutique e delle aree d'incontro.

Raggiungo il campo da hockey, ormai poco più che un acquitri-
no, visto il caldo che fa. Poi costeggio le pareti a vista del gigante-
sco acquario al centro del Mall, ma i molti pesci, le specie pregiate
e persino il ben noto pesce martello, sembrano boccheggiare gal-
leggiando immobili, già morti o tramortiti dalla temperatura del-
l'acqua rapidamente cresciuta quasi a livello d'ebollizione.

Preso dal panico mi metto a correre, fradicio, con la camicia e
i pantaloni appiccicati alla pelle umida. Mi libero della giacca,
getto via la cravatta e mi dirigo verso il luogo simbolo della città,
fantastica nei suoi eccessi come nelle sue ambizioni.

Il Burj Khalifa è ancora lì, maestoso, impossibile, si staglia infinito nel cielo con una vertigine da brivido. Ma è illuminato solo da
qualche fiaccola e dal riflesso delle stelle e della luna, e fatico a
vederne la cima.

Mi avvicino sempre correndo, preso da un crescente senso
d'angoscia, cercando di capire cosa stia succedendo, ripercor-
rendo le stanze della lobby che avevo attraversato tempo fa per
incontrare lo sceicco in occasione del matrimonio del figlio, per
discutere dei suoi progetti di sviluppo immobiliare. Ricordo adesso di avere un appuntamento con lui e di essere già in ritardo, il
che non è ammesso dalle mie buone abitudini occidentali e tantomeno dal suo rango nella società locale e nella classifica degli
uomini più ricchi al mondo.

Ma gli ascensori sono bloccati, i comandi elettrici spenti. Irri-
mediabilmente fuori uso, non danno segni di vita. Come in ogni
grattacielo che si rispetti, ci saranno le scale di sicurezza – mi dico – e dopo qualche tentativo a vuoto trovo l'accesso.

Il caldo infernale della lobby lascia il posto a una temperatura
da sauna finlandese, corredata però da un'umidità da bagno turco, poiché il condizionamento (ora interrotto) dei locali interni ha
scaricato calore e umidità in queste zone tenute ancora al grez-
zo, non essendo mai state usate se non per casi impossibili: come questo, appunto.

Salgo la prima rampa di scale e sento già gocce di sudore
scendermi sulla fronte. Un altro paio e gli occhi mi bruciano. Altre tre e mi manca il fiato, quasi mi trovassi in cima all'Everest e
non al livello del mare o poco più. E mancano ancora 160 piani
alla mia destinazione, con il caldo che aumenta rapidamente al

crescere dell'altezza mentre guadagno faticosamente metro dopo metro, scalino dopo scalino...

Fortunatamente si è trattato solo di un brutto sogno, durante il viaggio di ritorno da Riyad su un volo di linea stipato all'inverosimile, con spazio sufficiente sul sedile appena a tenere le braccia incrociate, come una mummia in un sarcofago.

Ci immaginiamo cosa ne sarebbe di Dubai senza l'energia per un banale blackout? O per l'interruzione sistematica delle esportazioni di petrolio dalla vicina Abu Dhabi, se il prezzo precipitasse rendendone antieconomica l'estrazione (così come sarebbe antieconomico trasportare un grosso iceberg dall'Antartico per farci gelati da vendere a Riccione e ghiaccioli a Milano Marittima)?

Non potrebbe succedere veramente?

Se solo il prezzo dello *shale gas* rendesse quello di equilibrio del petrolio quasi ridicolo, appena 10 dollari al barile, o poco più, si preoccuperebbero gli Stati Uniti di esportarne un po' anche a Dubai? E ad Abu Dhabi e a Riyad? In mezzo al deserto? Così lontano da casa? Per farci cosa, poi?

Non hanno già Las Vegas, gli americani, per la sabbia e le cose pazze? Perché sciare nel Golfo quando ci sono le Alpi?

Perché creare una palma di sabbia artificiale in mezzo al mare, quando di spazio (e di sabbia) nel vicino deserto ce n'è a piacimento?

Atterrato quasi in orario a Dubai, nuovamente in viaggio verso il centro e poi Dubai Marina, verifico non senza sollievo che il Burj Khalifa è perfettamente illuminato, come gli altri grattacieli, compreso quello ritorto su sé stesso e da anni ancora incompiuto agli ultimi piani, non lontano dal Grosvenor House Hotel dove alloggio.

Anche la lobby dell'albergo è illuminata e la temperatura è glaciale come al solito. Persino fuori, grazie alla brezza che proviene adesso dal mare, il clima è decente e invita a una bella cenetta (solitaria) all'aperto. Sono arrivato, finalmente, e ho l'opportunità di rilassarmi qualche ora, come avrei voluto fare la prima domenica mattina.

Ma appena mi siedo al ristorante persiano sul lungomare, un rombo di motori irrompe dal cielo facendomi sussultare.

Gli elicotteri per la gara delle navi superveloci, immagino, in versione notturna.

O forse qualche drone in fase di esercitazione, con le telecamere e le armi già puntate verso i confini terrestri dall'altra parte del Golfo.

Panico, corse agli sportelli,
unione bancaria europea e banche "cattive":
da Bruxelles a Nicosia, passando per Madrid e Roma

Un nome, un destino

Sono a passeggio nella Grand-Place di Bruxelles, la sua piazza centrale, una delle più belle al mondo, nota anche per ospitare, ogni ferragosto, un'enorme infiorata o rappresentazione floreale: sorta di arazzo di centinaia di metri quadrati, colorato del rosso, giallo e rosa, ma anche del viola, verde e bianco di oltre 500mila piante di begonia provenienti da molte parti d'Europa.

Alla mia destra si trova l'Hôtel de Ville (il municipio), con la sua torre in stile gotico; e alla mia sinistra la Maison du Roi, anch'essa interamente prima ricostruita e poi restaurata in stile neogotico. Oltre a queste, sempre intorno alla piazza, ci sono molte altre sedi delle corporazioni: tutti edifici splendidi e perfettamente tenuti. Dalla casa dei panettieri a quelle degli ebanisti, degli arcieri, dei battellieri e dei merciai, e tante altre ancora (incidentalmente, non trovo quella dei "consulenti").

La piazza è molto affollata: parecchia gente a spasso anche a quest'ora di metà pomeriggio di un giorno lavorativo come tanti altri. Molti tecnoburocrati della Comunità Europea, immagino, abituati alla pausa lunga per il pranzo; qualche turista alla ricerca della foto di rito; e qualche consulente come me che deve ammazzare il tempo rimasto tra un meeting e l'altro.

Dopo aver completato il periplo, m'infilo in una delle molte vie d'uscita dalla piazza. È completamente dominata da negozietti che sono il peggior incubo di un diabetico: tutto al cioccolato, con migliaia di cioccolatini dalle forme e dai gusti più diversi. Alla fine anch'io cedo alla tentazione e acquisto una stecca di fragole fresche ricoperte di cioccolato fondente.

Continuo a passeggiare, calmo e tranquillo come le persone

che mi circondano, tranquille e annoiate dalla solita routine. Sono sicuro che se chiedessi alla gente che incontro dove si trovi Nicosia e di quale Stato membro della Comunità sia la capitale, pochi o pochissimi saprebbero rispondermi. Inoltre Cipro (il paese in oggetto), non solo è molto più vicina a Beirut che alla stessa Atene, ma è talmente piccola (e per di più divisa in due, con la metà settentrionale controllata dalla Turchia) da non essere degna di nota neppure se – come in effetti è il caso – dovesse trovarsi in grave crisi finanziaria.

Cipro non è infatti paragonabile all'Italia o alla Spagna, e il suo PIL può essere al massimo accostato a quello di alcune delle province più povere della Sicilia. Eppure anche questa settimana, sebbene la gente di Bruxelles (sede della Comunità Europea) lo ignori o mostri di farlo, l'intero sistema bancario europeo sarà messo a rischio, per l'ennesima volta dall'avvio della crisi, proprio a causa di quest'isoletta sperduta che, terra di agricoltori e di pastori, a un certo punto è stata anch'essa colta dal sogno della "finanziarizzazione".

La finanziarizzazione, a Cipro, ha preso forme peculiari. Qui il sistema bancario è cresciuto a dismisura, divenendo ipertrofico rispetto alle dimensioni dell'economia reale dell'isola, grazie alla forte attrattività esercitata quale paradiso fiscale e – si dice – "lavanderia a gettoni" per soldi non sempre di limpidissima origine accumulati rapidamente da vari oligarchi russi.

Questi oligarchi, data la volatilità con cui si creano e dissolvono grandi fortune a casa loro, hanno pensato bene di portare sull'isola i loro risparmi, attratti anche dalle elevate remunerazioni offerte su depositi e conti correnti bancari. Le banche cipriote sono notoriamente disposte a compensare adeguatamente la raccolta a vista, potendo poi investire in obbligazioni caratterizzate da lunga durata e ottimo rendimento (leggi: i titoli di Stato greci che, a voler credere che potessero essere ripagati in pieno e nei tempi pattuiti, rappresentavano certamente, qualche anno fa, uno dei migliori investimenti del pianeta).

Sembra il solito dramma da fine settimana con le solite forze armate della *troika* (Unione Europea, Banca Centrale Europea, Fondo Monetario Internazionale) pronte a intervenire all'ultimo momento per salvare il mondo dalla crisi sistemica, dalla liquefazione dei mercati finanziari e dal tracollo economico. Un dramma sul punto di divenire tragedia, se per un mero accidente una soluzione *in extremis* non sarà trovata, nonostante le dimensioni irrisorie dell'isola, della sua economia e della quota del suo debito da ripianare entro la settimana prossima (circa un ventesimo del debito pubblico italiano).

Certo – potrebbero dire molti di questi tecnoburocrati a passeggio – chi se lo sarebbe aspettato? Come potevamo prevederlo?

A volte, il destino delle persone è scritto nei loro nomi. Sapete come si chiama l'ex governatore della Banca Centrale cipriota che sostenne l'adesione all'euro e al progetto di costruzione della "casa comune europea" tra partner eguali e solidali?

Orphanides...

Il quale non a caso lamenta adesso atteggiamenti di "bullismo" da parte degli Stati forti del Centro Europa (leggi: Germania), che volentieri ricaccerebbero a pedate Cipro fuori dall'euro.

E il leader del partito di maggioranza (di centrodestra) che sta cercando di sostenere il primo ministro (sempre di centrodestra) nel risolvere una situazione molto intricata grazie alla sua comprovata esperienza di *crisis management*?

Neophytou...

Che adesso si dice non dia (lui come il primo ministro) alcuna garanzia di capacità politica e affidabilità manageriale nell'implementare una delle qualsiasi soluzioni tampone che verrà inevitabilmente identificata (nell'ipotesi migliore) nella tarda notte di domenica sera.

Infine, sapete come si chiama l'attuale governatore della Banca Centrale di Cipro, ultimo baluardo a difesa della stabilità del sistema economico ed emblema della credibilità e dei nervi saldi di chi è chiamato a gestire anche la più terrificante delle crisi finanziarie?

Panicos...

Corsa agli sportelli: anzi no, ai bancomat

Non sono mai stato a Nicosia, e l'unica immagine che conservo dell'isola è legata alla rappresentazione cinematografica di un vecchio film ambientato tra le due guerre mondiali. Viste le notizie che arrivano da laggiù, terminati i miei incontri a Bruxelles, decido di non raggiungere un mio collega a Nicosia, ma di aspettarne il rientro a Madrid, dove anch'io devo volare per altri meeting non appena finito qui in Belgio.

La situazione critica delle banche dell'isola era nota da mesi, se non da anni ormai, a noi consulenti quanto a qualsiasi altra persona di buona volontà dedita a un'attenta lettura dei giornali e delle pubblicazioni finanziarie. Anche il mio collega, come altri *advisors*, ha da mesi proposto rigorosi interventi di ristrutturazione del sistema finanziario e delle grandi banche dell'isola: quelle ipertrofiche che raccolgono a breve i soldi facili dei magnati russi e investono a medio-lungo in titoli di Stato greci (questa mia semplificazione esasperata non rende giustizia al reale stato delle cose, ma è tuttavia una buona approssimazione circa la grossolana speculazione che è stata alla base dello sviluppo esagerato degli istituti di credito ciprioti).

Nessuno ha preso il toro per le corna, decidendo di affrontare il problema al momento opportuno, mi spiega il collega. La solita strategia dell'*extend and pretend* (rinnova, ovvero estendi nel tempo, i crediti che hai già concesso e che non riesci a farti restituire, fingendo che siano ancora in buona salute), ovvero del *delay and pray* (aspetta a riconoscere e ad affrontare i problemi, pregando nella speranza che si risolvano da soli).

Complice anche lo scaricabarile dei partner europei "padri" dell'Unione (leggi: Orphanides), e l'inesperienza della classe politica locale chiamata a gestire la crisi (leggi: Neophytou), la strategia di attendismo è divenuta corsa ai ripari dell'ultimo minuto, una volta che il panico (leggi: Panicos) si è trasmesso alla gente comune, che ha cominciato a correre agli sportelli bancari per ritirare i propri risparmi e, trovandoli chiusi, si è dedicata a saccheggiare gli ATM.

Il mio collega mi racconta com'è andata davanti a una buona tazza di tè (come i poliziotti, i consulenti seri non bevono mai in servizio).

«Non appena si è sparsa la voce che il piano di salvataggio della *troika* sarebbe stato parzialmente finanziato attraverso un prelievo forzoso su tutti i depositi delle banche cipriote (circa il 5% per quelli sotto i 100mila euro; circa il 10% per quelli oltre tale cifra), la gente comune si è messa in coda alle filiali per monetizzare i propri risparmi. Era una cosa incredibile, peggio di Northern Rock.»

Si riferisce alla banca inglese fallita nel 2008, all'inizio della crisi, che aveva ingenerato le prime corse agli sportelli, con file di centinaia di persone anche in pieno centro a Londra che chiedevano indietro i loro risparmi, in banconote e monetine, fino all'ultimo penny. Ho visto quelle file quando ero a Londra, e ho sperimentato la sensazione di "crisi fuori controllo" che dà sia alla gente comune, sia a quelli come me che di banche qualcosa dovrebbero capire. E non ero neppure cliente di Northern Rock, ma

– veniva da pensare – se era capitato a quella banca, perché non potrebbe capitare alla mia? Magari già domani, visto che le banche sono tutte interconnesse ed esiste un effetto domino quasi automatico, dagli effetti moltiplicativi (proprio come per una palla di neve che diventa valanga rotolando a valle). Effetti non più prevedibili né controllabili, se solo si perde la fiducia nel sistema, se solo ci si lascia prendere dal...

«Panicos ha dato allora l'ordine di chiudere tutte le filiali fino a diversa indicazione» riprende a raccontarmi il mio collega citando il governatore cipriota, quello credibile, dal polso fermo. «La gente non aveva più contante e i negozi non accettavano più carte di credito: anch'io ho dovuto pagare il mio hotel con le banconote e le monete che mi erano rimaste. Hanno preso tutto, anche sterline, dollari e franchi svizzeri (il mio collega viaggia molto, come me, e porta sempre con sé una buona scorta di contante internazionale).

«Poi la gente si è inferocita quando ha realizzato che, oltre al rischio di perdere il 10% dei risparmi in banca, neanche riusciva più a comprare il pane e il latte. Le banche, sempre su ordine di Panicos, avevano ripreso a far funzionare i bancomat, ma con un massimale di pochi euro al giorno per ogni carta di debito. Peraltro, dato che le banche quella moneta non ce l'hanno proprio, ma sono collegate a una linea di credito di salvataggio della *troika*, gli ATM andavano fuori uso subito, esaurendo in pochi minuti la quota di contante messa a disposizione ogni giorno. Perciò la gente se ne stava in fila tutta la sera per prelevare dopo mezzanotte, con i bancomat che andavano fuori uso entro le 3 di mattina...

«Altri poi si sono dati al baratto, scambiando olio con formaggio, e pesce con uova. Il che però funziona fino a un certo punto, perché alle pompe di benzina non accettano né i merluzzi né le galline. Dopo qualche giorno quasi tutte le auto erano ferme (e il pesce puzzava, m'immagino io), e la gente girava prima con motorini alimentati a olio di semi e poi, finito anche quello, in bicicletta. Ovviamente ci sono state le prime proteste, le prime violenze, piccoli furti e saccheggi.

«Tutti aspettano di capire che cosa succederà nei prossimi giorni e camminano disperati per strada, senza un soldo, senza macchina e senza neanche la gallina che si erano barattati per un litro di diesel che hanno già consumato per tornarsene a casa... senza neanche più le uova per la cena.»

Mentre io e molti altri a Bruxelles passeggiavamo mollemente lungo la via dei cioccolatai di Bruxelles (e non mi riferisco alla sede dell'Unione Europea), altri a Nicosia correvano per le strade in cerca dell'ultimo ATM funzionante o per difendersi dalle razzie dei facinorosi che, complice il "panico" dell'intero sistema finanziario ed economico, si davano da fare.

Cipro non è il Belgio, né la Spagna o l'Italia – si dirà – e neppure la Grecia.

E se ne sta in mezzo al mare, con gli oligarchi russi e a un tiro di schioppo da Beirut, con un muro che la divide a metà e quei mattacchioni dei turchi pronti a intervenire inondandoli di lire. E comunque – si dirà pure – la *troika* alla fine interverrà buttando un po' di soldi (pochi, in termini relativi) per evitare un disastro di proporzioni molto maggiori.

Ma è davvero così? O è la solita storia che ci raccontano per farci stare tranquilli?

Per non far pesare a Orphanides di essere stato abbandonato?

Per conservare al potere l'esperto Neophitous?

E, infine, per mettere a tacere il Panicos della Banca Centrale e quello dei tanti risparmiatori ciprioti e soprattutto russi che, si sa, notoriamente non stanno molto allo scherzo?

Un enigma senza soluzione

Si dice che siano i tedeschi a volere che i depositanti delle banche cipriote paghino, almeno in parte, il conto del salvataggio. Se Cipro è il ricettacolo del denaro sporco degli oligarchi russi – sostiene il ragionamento – perché finanziarne il pieno salvataggio con il denaro dei *taxpayers* europei, ovvero di chi paga le tasse (non solo i tedeschi, ma anche francesi, inglesi, italiani, spagnoli...), avendo peraltro i propri conti in ordine e un debito pubblico sotto controllo (in questo caso la lista dei paesi si accorcia)?

D'altronde – prosegue il ragionamento – non a caso il governo russo è visibilmente preoccupato dal salvataggio delle banche cipriote, dato che tanta parte di quei depositi appartiene a suoi cittadini; e non cittadini qualunque, ma gente influente che gira con la guardia del corpo e sa bene a chi rivolgersi per far accadere le cose.

Lasciamo dunque alla Russia il salvataggio di Cipro, che però, guarda caso – e qui inizia il contro-ragionamento – è parte della Comunità Europea e paese membro della moneta unica. Inoltre – prosegue il contraddittorio – se la Russia interviene a salvare Cipro non lo farà certamente gratis, ma per estendere la sua area di influenza. L'isola di Cipro è, come detto, irrilevante dal punto di vista economico, molto meno da quello politico-militare, essendo situata tra l'islamica Turchia e i paesi "caldi" del Medio Oriente (Siria, Libano e Israele, per citare i più vicini). Ed è anche l'estremo avamposto a sudest della Comunità Europea: suo baluardo strategico di accesso al Nordafrica, al Medio Oriente e indirettamente all'Asia.

Se però si interviene, arginando quindi l'avanzata russa – prosegue il sillogismo – si rischia di far arrabbiare veramente i tedeschi e gli altri Stati membri, che hanno già i loro problemi di bilancio da risolvere. Perciò se facciamo da noi (Comunità Europea, Banca Centrale e FMI, ovvero la *troika*), oltre a provocare contrasti politici interni, rischiamo di promuovere altro "azzardo morale": altri paesi dell'Unione, piccoli o grandi, potrebbero essere incentivati a impiantare un loro business di *casino banking* con tanto di paradiso fiscale e lavatrice con centrifuga; tanto, se le cose andranno male, ci sarà mamma Europa (mamma Merkel) a dare una mano. La mamma non ci lascerà mai orfani, anche se siamo neofiti e ci facciamo prendere dal panico.

Per risolvere questo dilemma, la grande pensata dei tecnoburocrati di Bruxelles è stata: «Perché non salvare le banche facendo pagare il conto ai depositanti almeno un po', tanto sono per la maggior parte russi o quasi; finiranno per sostenere il peso del salvataggio senza poter dire di essere stati i salvatori. Allo stesso tempo daremo un segnale molto forte agli altri paesi europei. Tu, Spagna, e tu, Italia, se non rigate dritto questa sarà la vostra sorte: vi salviamo, ma facendovela pagare, almeno in parte».

Peccato che in questo bel ragionamento ci si sia dimenticato del "panico". Quello vero, che assale la gente qualunque (e anche i professionisti della finanza come me) quando si vede espropriare direttamente i risparmi. Basta anche la semplice eventualità che questo possa accadere e ci prende la paura di perdere tutto, di non avere più soldi per pagare l'affitto o fare la spesa. Vorremmo correre subito alla nostra banca e ritirare tutto, in contanti: "sòrdi in bocca", come si dice alla romana, pronti all'uso e da mettere sotto il materasso.

D'altronde, non è già accaduto anche in Italia, nel 1992, ai tempi del primo ministro Giuliano Amato, il "dottor Sottile" che per necessità, in piena crisi dello SME (il Sistema Monetario Europeo, una specie di antesignano dell'euro con i cambi tra le diverse valute fluttuanti, ma solo all'interno di una certa "banda di oscillazione"), non andò tanto per il sottile espropriando, dalla sera alla mattina, una quota dei risparmi dai conti correnti degli italiani.

Il rischio vero insomma è che, fatta la regola per Cipro (uno sputo che però potrebbe diventare un lago), ci si possa aspettare di vedersela applicare allo stesso modo anche ad altri Stati molto più grandi e importanti. La Comunità ha prestato 100 miliardi di euro per salvare le banche spagnole: perché non riprendersene la metà, o anche solo il 10%, dai depositanti spagnoli? Perché poi non farlo anche in Italia, se solo si decidesse che un debito pubblico al 130% è insostenibile (il salvataggio pieno di Cipro, senza "aggressione" dei depositi, l'avrebbe portata a un debito pubblico del 145%, troppo elevato, si è detto, per poter essere considerato sostenibile: ecco dunque la necessità della "rapina in banca" per mano pubblica).

Oltre al panico (che quando si scatena diventa incontrollabile e può portare a effetti moltiplicativi dirompenti e difficilmente quantificabili), rimane poi il fatto che una simile soluzione non può certo fare contenti i risparmiatori ciprioti (per non parlare degli oligarchi russi... quelli che non stanno allo scherzo). Se la stessa cosa succedesse in Spagna o in Italia, ci immaginiamo le manifestazioni di piazza, il rivolgimento politico, le proteste contro il governo in carica (di qualunque bandiera) e contro i tedeschi dal pugno di ferro, rei di aver promesso di aiutarci prima e di averci puntato la pistola alla tempia poi.

Dunque non esiste una soluzione al problema che permetta di far pagare il conto a tutti senza farsene accorgere, salvando capra e cavoli, pollo e merluzzo, russi e ciprioti, tedeschi e spagnoli, e anche il politico e il banchiere centrale di turno.

Nel frattempo, in Italia dovremmo iniziare a riflettere bene su quali saranno i nostri prossimi leader, prendendo spunto (al limite della cabala) dall'esperienza nominalistica di Nicosia. Nessun "Disastro" come primo ministro, o "Recessore" al ministero dell'Economia.

E soprattutto, nessun "Panico" alla Banca d'Italia.

Quando Afrodite è l'ultima speranza

Ho parlato di espropriazione "diretta" (ben visibile, ad esempio, attraverso l'applicazione di un'accisa sui nostri risparmi in conto corrente), perché ne esiste un'altra "indiretta", egualmente efficace nell'impatto monetario e molto più subdola nelle modalità di manifestazione, così da mettere al riparo il politico o l'economista "scellerati" che, segretamente, potrebbero averla ordita a tavolino.

Non sto parlando di teoria, di scenari fantapolitici o del solito complotto alla Dan Brown che tiri in ballo Dante, i massoni, l'Opus Dei e Leonardo (l'allenatore). Sto parlando di cose già accadute parecchie volte nella storia, anche qui da noi e di recente.

Per fare un esempio, negli ultimi 3 anni gli americani che hanno investito in certificati di deposito hanno ottenuto un rendimento medio del 3,2%; l'inflazione nello stesso periodo è stata pari al 6,6%. Ovvero, il loro "potere d'acquisto" è diminuito del 3,4%.

L'accisa applicata ai loro depositi è stata del 3,4%, dato che si confronta con il 6-7% ipotizzato per Cipro: con l'unica differenza che a Cipro la cosa potrebbe avvenire in una notte, ed essere riportata sulle prime pagine di tutti i giornali locali e internazionali. Se facessimo lo stesso conto per gli inglesi (prova a farlo l'"Economist"), l'accisa inflattiva degli ultimi 3 anni sarebbe pari al 6%: inferiore appena di un soffio rispetto a quella riservata agli oligarchi russi.

In Italia i numeri non sarebbero differenti, ammettendo di credere alle statistiche circa l'inflazione reale (che rendono davvero difficile il confronto, cambiando continuamente il paniere dei beni di riferimento e considerando il costo di oggetti, come i prodotti tecnologici, che per loro natura sono strutturalmente destinati a scendere nel tempo). Vi ricordate quando, poco dopo l'entrata nell'euro, il costo in lire di molti oggetti di largo consumo diventò rapidamente pari a quello in euro, tolti i tre zeri finali (con un'inflazione nominale quindi vicina al 100%)? Anche se le statistiche ufficiali parlavano di inflazione pari solamente al 2-3%?

Insomma, a dare ragione ai numeri, ci dovremmo preoccupare di quello che avviene a Cipro soprattutto per le modalità (che potrebbero condurre al panico diffuso e quindi alle corse agli sportelli, e di qui all'insolvenza "matematica" delle banche e al conseguente possibile fallimento di ogni istituto di credito in Europa, ben capitalizzato o no). La sostanza alla fine sarà non dissimile anche da queste parti, se non succede nulla di peggio nel durante: perderemo tutti potere d'acquisto per poter ripianare i debiti eccessivi che si sono accumulati nel passato e che ci avevano permesso di vivere nell'illusione di un potere d'acquisto crescente nel tempo.

Nulla si crea e nulla si distrugge, nella finanza come nella fisica. A parte la reputazione.

E dopo esserci creduti più ricchi di quello che eravamo in realtà (trasferendo il conseguente fardello in buona parte sulle generazioni future), ci ritroveremo di nuovo tutti più poveri.

A Cipro le cose sono ormai sfuggite di mano, e non c'è più margine per un riaggiustamento graduale del potere d'acquisto dei ciprioti, che si erano ritenuti novelli svizzeri. Non c'è più tempo per un'inflazione graduale dei prezzi e per una deflazione progressiva del potere d'acquisto. La cosa è ormai fuori controllo, proprio a causa dei soliti orfani, inesperti e appanicati di questo mondo.

Solo Afrodite a questo punto potrebbe soccorrere le banche di Cipro. E non è una battuta.

Nelle acque profonde del Mediterraneo che circondano l'isola, è stato recentemente scoperto un importante giacimento di gas, chiamato appunto "Afrodite". Il suo sfruttamento non è semplice, anche per le difficoltà di estrarre, lavorare e distribuire il gas a paesi terzi che potrebbero essere interessati a comprarlo, permettendone la monetizzazione ai ciprioti.

Morgan Stanley, proprio a causa delle difficoltà tecniche ancora implicite nel progetto, ne ha stimato il valore tra i 5 e i 32 miliardi di euro (il "pacchetto di salvataggio" delle banche cipriote si aggira intorno ai 10-15 miliardi). Come dire: Modena sta tra Bologna e Reggio Emilia, e siccome devi andare lì, ti faccio paracadutare tra Gallipoli e Courmayeur, vento permettendo...

Insomma, basterebbe estrarre il gas e venderlo e, nella peggiore delle ipotesi, si potrebbe ridurre di una fetta importante il gap finanziario all'origine della tassa sui depositi e del panico conseguente. Peccato che il gas sarà pronto per la vendita non prima di 6 o 7 anni (il tempo minimo necessario per realizzare la piattaforma di estrazione, quella di lavorazione in terraferma e il gasdotto via terra e via mare per la trasmissione ai paesi vicini). Troppo tardi per salvare l'economia e la finanza dell'isola (ma sempre troppo presto per i pesci del luogo).

Ma ecco che la "magica" finanza viene di nuovo in soccorso dei ciprioti.

I profitti del gasdotto potrebbero infatti essere anticipati e incassati subito attraverso una cartolarizzazione (*securitization*) dei proventi futuri. Si potrebbe cioè risolvere il problema utilizzando proprio una delle alchimie finanziarie che alcuni additano tra i principali responsabili della crisi globale. In alternativa, semplificando le cose, si potrebbe offrire il giacimento di gas come "collaterale" a garanzia del nuovo prestito della *troika*, mettendo a tacere i *taxpayers* tedeschi.

Prendetevi Venere, che a Bacco e Tabacco ci pensiamo noi!

Mal che vada – si potrebbe spiegare loro – vi prenderete il gas e lo userete per la vostra industria pesante, al posto di quello che comprate dai russi... i quali però, oltre a non stare allo scherzo, forse lo vorrebbero per sé, quel giacimento.

Non tanto per fare un buco in mezzo al mare e portarsi il gas a casa. Ma per lasciarlo là sotto, ben nascosto e sepolto, altrimenti un aumento dell'offerta complessiva ridurrebbe il prezzo del gas che hanno già e che stanno vendendo ai soliti *taxpayers* tedeschi e... anche italiani.

Insomma, Afrodite non è per tutti. E può risultare un'arma a doppio taglio per molti.

Fino all'ultimo respiro

«E le banche come stanno, qui da noi?» mi chiede al telefono mio padre, quando sono da poco atterrato in Spagna. Si tiene sempre aggiornato sui temi dell'economia e della finanza, e non solo di casa nostra.

«Scoppiano di salute» gli rispondo, un po' per rassicurarlo e un po' per prenderlo in giro. Peccato che non ci caschi: essendo figlio di quel mio nonno che si intendeva di pesche e albicocche (e che, oltre a intendersi di frutta e di campi, sapeva anche far bene di conto sui frutti dei suoi risparmi in banca, cioè gli interessi del conto corrente).

«Sì, figuriamoci, la crisi c'è anche per loro... Ma hanno il raffreddore o la polmonite?» incalza mio padre, che vuole un commento da *insider* e – conoscendolo – non demorderà fino a quando non l'avrà ottenuto.

Me la cavo con una metafora, come faccio spesso per essere certo di non mancare ai doveri fiduciari nei confronti dei clienti, e per lasciargli comunque il divertimento (o l'angoscia) di riflettere su che diavolo avrò mai voluto dire.

«Alcune banche stanno meglio di altre e sono solide. Certamente le due più grandi respirano ancora bene, anche se non tira aria di montagna» gli dico. «Altre non tossiscono, ma solo perché trattengono il respiro. E lo tratterranno finché il dottore con la medicina amara non avrà finito la visita. Altre ancora hanno fumato due pacchetti di sigarette al giorno per parecchi anni, e non respirano per non rantolare, ma sono già cianotiche.»

A pensarci bene, anche sopra un certo tipo di finanza si potrebbe scrivere "nuoce gravemente alla salute" – il che è vero quantomeno nel lungo periodo, quando l'effetto moltiplicativo del credito eccessivo mostra tutta la sua debolezza, e la bolla (che sia immobiliare, dei consumi o dei tulipani di antica memoria) tende a sgonfiarsi con un sibilo orrendamente acuto.

Poco più tardi, il mio collega e io arriviamo in taxi a Madrid. Sono ormai le 22.45, e troviamo chiuso il ristorante in cui avevamo prenotato. Non che i ristoranti osservino uno stretto coprifuoco (come da altre parti, tipo in centro a Siena). Qui siamo a Madrid: e infatti, per le 23 ci aprono la porta, e a mezzanotte arrivano altri 3 clienti (stranieri anche loro, a cui piace cenare "sul prestino" e andare a letto con le galline). Ceniamo velocemente e riprendiamo il taxi.

Alloggiamo in un hotel appena fuori dal centro, in stile art nouveau, disegnato da qualche stilista strapagato qualche anno fa, in pieno boom immobiliare. La camera è a forma di uovo, per ricordare il grembo materno e permettere un pieno e totale relax – spiega la brochure introduttiva. Anche il letto è ovale, e se vuoi essere sicuro di poterti sdraiare comodamente ti serve un goniometro per ricavare l'unica inclinazione che rende possibile starci dentro dalla testa ai piedi. La toilette è giusto alle spalle del letto, con la luce della doccia che fa anche da abat-jour per la notte, visto che le pareti del box sono di vetro. Il bello è che anche la parete di fronte è di vetro, perciò se non vuoi dare spettacolo dal bagno devi trovare il modo di coprirla con degli asciugamani (ovviamente le comuni e troppo tradizionali tende qui non esistono).

Provo a far scendere le tendine elettriche e scopro che non c'è nulla di azionabile con un pulsante, ma solo una specie di tablet di gestione della camera che richiede per l'utilizzo il completamento di un semplicissimo *tutor training* di circa 30 minuti, con *multiple choice test* finale. Stanco come sono, rinuncio e provo col "fai da te".

Tento la fortuna con una prima *app* e, invece delle tende, cala un enorme telo bianco che funziona da tv, con un proiettore a soffitto che si avvia automaticamente proiettando l'inevitabile pubblicità di quella catena di hotel. Ne provo un'altra e si attiva la doccia nella toilette (non avendo chiuso la porta a vetri scorrevole, finisco per annaffiare la moquette esterna). Un'altra ancora, ed esce un minibar ai piedi del letto, a pochi passi dal wc.

Il dramma è che neanche le luci della stanza funzionano con i "vecchi" interruttori alle pareti, ma solo con questo dannato tablet. Finisco per buttarmi sul letto con la luce accesa e la publicità dell'hotel che prosegue ininterrottamente. Una mezz'ora dopo, trovo un interruttore (questo sì, manuale) del salvavita relativo all'intero impianto elettrico. Lo faccio scattare, piombando in un rilassante buio completo, e finalmente riesco a prendere sonno.

Non prima di aver mandato l'ultima mail della giornata, alla mia segretaria, con l'invito a non prenotarmi più una stanza in quell'hotel, pena il licenziamento.

La "banca cattiva" e il banchiere buono

Il giorno dopo, per le 8 siamo già in taxi. Dato che l'hotel dove siamo capitati, oltre che kitsch e *user unfriendly*, non è neppure nei pressi del centro, non ho avuto l'opportunità di fare la solita corsetta di primo mattino al parco del (*buen*) Retiro – un classico, tutte le volte che vengo a Madrid per lavoro.

A ogni modo, la vista dal taxi è desolante. Ovunque annunci di immobili in vendita o in affitto, e gente per strada con cartelli e striscioni di protesta che si dirige verso la Plaza Mayor, dove è prevista una manifestazione degli *indignados* contro il piano di austerità dell'attuale governo, approvato non per sfizio ma quale condizione necessaria per accedere al pacchetto di aiuti concessi dalla solita *troika* alle banche spagnole (circa 100 miliardi, più di 10 volte l'ammontare di cui si sta discutendo per Cipro).

Anche nel caso della Spagna, prima di arrivare al finanziamento cosiddetto "salva banche", qualche mese fa si è rischiata la catastrofe, rimandando alle ultime ore della notte dell'immancabile weekend di terrore la negoziazione di una risoluzione finanziaria che facesse contenti tutti i diversi *stakeholders* di Bruxelles: i portatori di interessi (oltre che di Madrid) di Berlino e Parigi, di Roma e Londra e degli Stati più piccoli dell'Unione; ma anche della Banca Centrale e del Fondo Monetario Internazionale (ripensando alla grande piazza di Bruxelles, con i suoi edifici neogotici delle corporazioni delle arti e dei mestieri, non mi pare ci sia stata una grande evoluzione nella storia).

In quell'occasione il finanziamento alla Spagna, fatto salvo l'impegno del governo a perseguire un certo numero di azioni di taglio alle spese e di incremento delle tasse finalizzate a ridurre il deficit corrente, non prevedeva alcun prelievo forzoso dai depositi dei cittadini spagnoli, ma era stato accompagnato da un ulteriore impegno a creare una *bad bank* (letteralmente "banca cattiva") a gestione pubblica.

Quella della *bad bank* è un'idea in cui credo molto, e che ho invocato e iniziato a proporre anche per l'Italia già nel 2008 (sono passati più di 5 anni e non sorprende che se ne parli ancora senza aver tuttavia deciso nulla: né di farla, né di non farla).

Come idea è piuttosto semplice. In tempi di crisi economica, molti crediti bancari vanno in fumo. I banchieri "cattivi", pur di non riconoscere in bilancio le perdite che dovrebbero registrare sui crediti problematici erogati (rischiando quindi di perdere il posto), fanno finta che tutto stia andando per il meglio: trattengono il respiro anche se sanno che la loro banca ha il cancro ai polmoni, giusto per non farsi scoprire, come se fosse possibile farla franca nel medio periodo (i 2 minuti al massimo in cui ognuno di noi potrebbe starsene in apnea).

Il loro problema è che i mercati dei capitali, gli analisti finanziari e i consulenti come me non sono poi così stupidi: com'è possibile che in un'economia che diminuisce da tot anni, con centinaia di fallimenti di piccole e medie imprese al giorno, e con i disoccupati che crescono e persino (orrore!) una nuova ombra di scandalo-scommesse che incombe sul campionato di calcio, tutte le banche del paese continuino a registrare profitti?

Può darsi che qualcuna, particolarmente attenta nel selezionare le controparti e nel gestire il rischio di credito, abbia saputo evitare il peggio; ma non che ci siano riuscite tutte. Semplicemente non quadra, non è credibile, e anche uno stupido mediamente informato arriverebbe a capirlo.

Se è ragionevole aspettarsi che 2 crediti su 5 siano andati a male, e che 2 banche su 10 siano fallite (per fare un esempio), allora il mercato, gli analisti e i consulenti come me fanno la media del pollo. Non sapendo quale credito e quale banca siano "cattivi", dicono semplicemente: «Ogni credito lo valuto al 60%, e ogni banca all'80%».

Addirittura, nel peggiore dei casi dicono: «Siccome non posso sapere quali delle 10 banche siano fallite (sapendo tuttavia che 2 – statisticamente parlando – lo sono già), per non sbagliare non investo né presto soldi a nessuna».

Risultato: per il noto dilemma della "mela marcia nel cesto di mele" (o dell'auto di seconda mano spremuta come un limone), finisce che nessuna banca riesce a rifinanziarsi, o può farlo solo a costi proibitivi.

Perciò tutto il sistema bancario dovrà ridurre drasticamente la quantità di credito erogata, o ne estenderà di nuovo a tassi d'interesse sulla soglia dell'usura. Così molte imprese loro clienti, anche se in perfetta salute, saranno costrette, seguendo una profezia autoavverantesi, ad alzare bandiera bianca, defaultando sul proprio debito in scadenza e dichiarando il fallimento finanziario, a cui seguirà il blocco della produzione industriale.

L'idea della *bad bank* dice: io, Stato o Banca Centrale, eventualmente sostenuto da un team di valutatori indipendenti, stabilisco quali crediti sono buoni e quali cattivi, e per ciascuno di questi ultimi impongo il loro passaggio di proprietà a una banca pubblica appositamente creata (la *bad bank*), che diventa il ricettacolo di tutti i crediti "zombie" ancora in circolazione nell'economia. Io, Stato o Banca Centrale, che sono azionista unico di questa *bad bank*, pago i crediti problematici quanto valgono veramente, non quanto speri tu ("banchiere cattivo") che valgano in un mondo fatto di case di zucchero filato e di treni di cioccolata.

Poi la *bad bank* farà il suo sporco lavoro di recupero del credito, con forti sinergie di scala e competenza (avendo messo insieme tutti gli NPL – Non-Performing Loans – di un paese e avendo assunto una squadra di professionisti indipendenti esperti di credito e di procedure fallimentari, ma anche di immobiliare e di finanza, fortemente incentivati a portare a casa la pagnotta).

Soprattutto – questo il vero vantaggio dell'operazione di "trasparenza" – si saprà, fin dalla creazione della *bad bank* di sistema, che tutte le mele marce e i limoni spremuti sono stati raccolti e messi da parte, gestiti da chi sa fare questo mestiere e non ha conflitti d'interesse di natura commerciale. E quindi che tutte le banche del paese rimaste in piedi dopo quest'azione di "verità" si potranno ripresentare ai mercati dei capitali internazionali pure e immacolate come non mai, essendosi "liberate" di tutti gli errori creditizi passati. Si rifinanzieranno con maggiore facilità e a tassi ridotti, perché i mercati si fideranno nuovamente di loro, e riprenderanno a erogare credito alle imprese e alle famiglie evitando se possibile gli errori del passato (anche perché, nel frattempo, il vecchio *management* "cattivo" – quello delle peggiori banche del sistema già tecnicamente fallite, al netto del salvataggio di Stato dell'ultimo minuto – avrà probabilmente già perso la poltrona).

La *bad bank* dunque non come soluzione da evitare assolutamente, come molti *stakeholders* dalle nostre parti hanno detto, ma come stimolo per il *good banking*. Per fare pulizia in casa e mettere a posto le cose prima che sia troppo tardi.

Prima che arrivino loro – i figli della *troika* – a sistemarci ben bene.

Prima dell'ennesimo weekend di paura.

Trascorso questa volta non per colpa di Atene o di Madrid, e neppure di quell'isoletta in mezzo al Mediterraneo, a un tiro di schioppo da Beirut.

L'altare della Patria

Terminati i miei meeting a Madrid, saluto il collega e rientro in volo a Roma, dove una serie di incontri sullo stesso tema mi aspettano per il giorno successivo.

Il mio "giro delle sette chiese" prevede ovviamente autorità politiche e di governo, istituzioni pubbliche e autorità di vigilanza, e anche associazioni di settore. Perché il processo decisionale non è mai, a Roma come altrove, a partire dalla stessa Bruxelles delle antiche corporazioni, facile né diretto, e tantomeno veloce e trasparente.

Mentre sono in taxi nei pressi di piazza Venezia, osservo di sfuggita l'Altare della Patria e la fiamma che arde imperitura, a testimonianza della sacralità del nostro paese e dei valori per i quali si riconosce "unico e indissolubile".

Che cosa ne sarebbe di questi valori comuni, se i bancomat di via del Corso, qui vicino, smettessero di funzionare, avendo esaurito il contante a disposizione?

Che cosa ne sarebbe della sacralità dell'Italia, se le tante filiali bancarie che popolano la capitale rimanessero chiuse a oltranza, da lunedì prossimo, per evitare inutili corse agli sportelli, essendo terminata anche la loro liquidità contante?

Che cosa ne sarebbe dell'amor di Patria, se lo Stato fosse costretto, per evitare il peggio e permettere alle banche di tornare liquide nel giro di poche ore, a "escutere forzosamente" (leggi: sottrarre) una percentuale elevata dei risparmi dai conti correnti o dai depositi vincolati?

Che cosa ne sarebbe, infine, del rispetto delle leggi e dei principi della convivenza civile, se il governo di turno fosse costretto a inventarsi una nuova tassa, sulla base di una regola qualunque (ad esempio, imponendo un'aliquota del 20% a tutti quelli che si chiamano Mario – be', Mario magari no... – e del 10% a tutte le signore e signorine di nome Maria), per rimediare a una situazione di fatto caratterizzata da banche certamente illiquide e forse anche insolventi?

Da notare che il passaggio da illiquido a insolvente non è immediato, ma è comunque molto probabile: chi è illiquido è costretto a svendere tutti i propri *assets*, finanziari e immobiliari, in pochissimo tempo attraverso processi di *fire sale*, dovendo accettare qualunque prezzo i pochi compratori disponibili intendano offrirgli, certamente approfittando della sua situazione di criticità (sarebbe come dover vendere un ghiacciolo a un eschimese, ma in Sicilia, in pieno agosto, e con 2 minuti di tempo a disposizione prima che ti si sciolga in mano).

Poniamo che la Banca di Vattelapesca sia illiquida, ma al contempo tecnicamente solvibile, perché possiede immobili di pregio e, tra questi, persino il Colosseo qui vicino. Se fosse a corto di cassa e con la fila di depositanti inferociti davanti alle proprie filiali, cercherebbe di vendere quello che riesce e nel minor tempo possibile: prima che i depositanti non soddisfatti le facciano causa per non aver ottemperato all'obbligazione contrattuale di restituire loro "a vista" i risparmi depositati in conto corrente. Venderebbe anche il Colosseo ingaggiando Totò come agente immobiliare, e finirebbe per concludere un cattivo affare, incassando magari qualche milione da un facoltoso turista giapponese di passaggio, o poche decine di migliaia di euro dall'immobiliarista del quartierino, senza pudore e senza quattrino.

Qualche ora dopo, esauriti i meeting della giornata, rieccomi in taxi dalle parti di piazza Venezia, in direzione Fiumicino per l'ultimo volo della settimana, verso Milano.

Leggo sul mio iPad le notizie sul caso Cipro: nuovi ultimatum, nuove proposte improbabili, nuove soluzioni dell'ultimo minuto, con i leader politici di quel paese pronti a volare a Bruxelles (o magari a Mosca, con una spettacolare inversione di rotta a metà fra *Mission: Impossible* e *L'aereo più pazzo del mondo*?). È prevista l'ennesima riunione a oltranza, in parallelo a Bruxelles e a Nicosia. Parteciperanno tutti i boss della *troika*, e tutti i leader di governo dei principali paesi europei – non presenti – saranno tenuti costantemente aggiornati.

Continuerò a seguire queste vicende per tutto il weekend, un po' per vizio professionale e un po' per interesse non professionale (mi piacciono i thriller finanziari, e quelli che si dipanano da un po' di tempo nella realtà tendono ormai a superare anche le più fantasiose previsioni dei maestri del genere). Continuerò a farlo anche pensando ai miei risparmi, depositati in una normalissima banca italiana e non in un'improbabile banca svizzera alla maniera dei tanti furbetti.

Se tutto andrà bene, o comunque non malissimo, lunedì mattina farò colazione in largo La Foppa, come sempre, con le tre filiali nei pressi dell'incrocio di via Moscova che apriranno alla solita ora, e con i bancomat funzionanti come al solito.

Se tutto andrà bene, o comunque non malissimo, ci saranno pochi altri weekend come questo che ci aspetta, e comunque non riguarderanno l'Italia e le sue banche, e i risparmi dei suoi cittadini.

Bisogna essere ottimisti, alla fine: è necessario. Basta il semplice germe del dubbio, il veleno del pessimismo, la dinamite del panico, e il sistema bancario crolla matematicamente, proprio in virtù delle regole su cui è stato costruito.

Ottimisti ma non stupidi, e neppure fessi, come si dice da queste parti.

E probabilmente, dalla settimana prossima, anche dalle parti di Cipro.

Il sogno americano e il dirupo fiscale: una civiltà al tramonto o l'inizio di un nuovo, grande e impossibile show?

Obama scommette sul budget

"Obama makes budget gamble", leggo distrattamente dalla prima pagina del "Wall Street Journal" di oggi. L'articolo è a firma di Damian Paletta. Mi ci dedico con maggiore attenzione, sfogliando fino a pagina 6, a cui il paragrafo d'apertura rimanda.

Sono appena atterrato al JFK, l'aeroporto internazionale di New York, e sono in attesa della navetta che, cambiando terminale, mi porterà fino al *gate* di partenza del prossimo volo interno su cui sono prenotato. Ho percorso un lungo corridoio, piuttosto maltenuto. Ho poi trovato un ascensore (non funzionante) e, dopo essere uscito in strada (essendo interrotto per lavori il ponte di collegamento dall'area degli arrivi a quella di partenza delle navette), sto guardando con impazienza le comunicazioni su un monitor che annunciano il trenino interno a rotaia in ritardo per un guasto meccanico. E non si tratta di sfortuna, a giudicare dalle condizioni di un'infrastruttura ormai fatiscente, certo non adeguata alla città e al paese che serve; neppure paragonabile agli aeroporti di Monaco o di Abu Dhabi.

L'articolo di Paletta riferisce di una proposta del presidente americano, rivolta ai senatori con cui da mesi sta negoziando un accordo che tarda a venire. Obama è pronto a tagliare la crescita dei programmi di Social Security e di Medicare (il sistema di protezione sociale e di sanità di riferimento negli Stati Uniti che i democratici non vogliono in teoria assolutamente ridurre), ma a fronte della disponibilità dei senatori della fazione opposta a negoziare una più ampia riforma del budget, che preveda anche l'incremento delle tasse per finanziare nuovi programmi di sviluppo delle infrastrutture, dell'educazione di base e della formazione professionale (i repubblicani sono assolutamente contrari all'incremento delle tasse e vorrebbero anzi, sempre in teoria, ridurle).

Il tutto mi ricorda molto la ridicola discussione sull'abolizione dell'IMU in Italia, da finanziarsi, ai tempi degli annunci elettorali, con una modesta tassa sulla birra (neanche fossimo in Germania, sia per lo stato generale dei conti pubblici, sia per consumo di birra pro capite); e che poi, a governo fatto, sta diventando rifinanziabile solo con nuove tasse che, acronimo a parte, sempre nel patrimonio dei cittadini vanno a pescare.

A dire la verità si tratta dell'ennesimo tentativo, con poche probabilità di riuscita – di qui la "scommessa" di Obama – di trovare un accordo per risolvere un problema molto semplice: il governo americano spende troppo, da parecchi anni (soprattutto per la sicurezza sociale e per il sistema sanitario, visto che ha già ridotto la spesa per la Difesa e tagliato di parecchio i razzi e le astronavi della NASA), e comunque molto più di quanto incassi (attraverso le tasse). Di conseguenza, gli Stati Uniti stanno accumulando di anno in anno disavanzi di bilancio che incrementano progressivamente il debito pubblico della nazione più ricca e potente del mondo, a breve oltre il livello fatidico del 100%.

A fronte di questo trend preoccupante, non solo hanno dovuto ridurre gli investimenti di natura strutturale (tra cui quelli relativi alle infrastrutture e ai sistemi di trasporto del paese, e all'educazione e formazione professionale), ma hanno anche perso, qualche mese fa, lo status di nazione con *rating* a tripla "A" (oggi in realtà vantato da pochissimi paesi, tra cui l'Australia e la Germania, ma non più l'Inghilterra né la Francia).

Per risolvere il problema, di natura matematica alquanto lineare, la risposta è semplice: o riduci le spese e lasci senza rete di protezione un po' di persone che si trovano appena sopra (o già sotto) la linea di povertà; o aumenti le tasse, rivalendoti soprattutto sui ceti più abbienti.

Insomma, non si può avere l'uovo oggi e la gallina domani: o la gallina è buona e ogni giorno ti fa l'uovo, o le tiri il collo e ci fai il brodo e l'arrosto.

Peccato che i democratici continuino a volere l'una cosa e i repubblicani l'altra (a scelta del lettore decidere chi l'uovo e chi la gallina). L'unica cosa su cui sono riusciti a convergere in uno degli ultimi e più drammatici stalli negoziali, infatti, è stata quella di concordare regole automatiche che entreranno in vigore in futuro se le due parti non raggiungeranno un accordo: tagli lineari alle spese, un tanto al chilo, e aumenti lineari alle tasse, sempre un tanto al chilo, con impatti negativi molto forti sull'economia che, nell'ipotesi di piena applicazione di tali regole, potrebbe anche subire una riduzione del PIL quasi immediata fino al 3-5%.

In altri termini, se non ci mettiamo d'accordo su cosa cucinare stasera, schiacciamo sotto i piedi l'uovo nel fango e buttiamo la gallina in fondo al pozzo. Ovvero facciamo sequestrare tutti i comignoli delle case italiane, e nella birra ci mettiamo l'acido muriatico.

Così siamo sicuri che nessuno sarà contento e che l'odiata controparte negoziale non potrà mai cantare vittoria. Mal comune, mezzo gaudio. Giusto per farsi del male.

Il *dirupo fiscale*

Il risultato dello stallo decisionale e delle regole automatiche concordate (in un sistema politico bipartitico, dove nessuna delle due fazioni vanta una maggioranza sufficiente a imporre la propria linea all'altra) è imbarazzante.

Da mesi, anzi ormai da anni, il negoziato continuo tra democratici e repubblicani impedisce di produrre leggi rilevanti, che indirizzino il nocciolo della questione in modo definitivo. Si rimanda al negoziato successivo la risoluzione di problemi non certamente complessi, che però vanno peggiorando col passare del tempo. A complicare il tutto, la legge americana richiede che ci sia una maggioranza parlamentare importante per l'approvazione di ogni sforamento successivo del tetto del debito pubblico (se esistesse una legge simile in Italia, non si parlerebbe d'altro da almeno 20 anni – il che forse non sarebbe una cattiva cosa).

Non essendoci ovviamente l'accordo tra i due partiti, ogni volta che si presenta questa nuova esigenza (avviene puntualmente ogni trimestre), il governo americano rischia il *default* sul proprio debito pubblico: non perché non abbia la capacità finanziaria di emettere nuovo debito (i titoli di Stato americani, i Treasury Bill, sono ancora l'investimento finanziario più liquido e con maggiore domanda potenziale a livello mondiale), ma solo perché nella guerra di posizione dei due partiti non si raggiunge mai un compromesso, se non *in extremis*, quasi all'ultimo minuto, solitamente dopo le 4 di notte: quando la stanchezza e la sonnolenza prendono il sopravvento, e anche la *buvette* del Parlamento sta per chiudere; quando ormai sembra tutto perduto, con il *default* del governo americano pronto a far collassare, vista la sua importanza, l'intero sistema finanziario globale (Europa e Asia comprese).

Gli anglosassoni, riferendosi a queste tattiche negoziali basate sulla tensione dell'ultimo istante, parlano di *brinkmanship* (per restituire l'immagine di un uomo che cammina sull'orlo di un precipizio, o in equilibrio su un sottile filo d'acciaio) e di *fiscal cliff* (se non c'è l'accordo sul budget fiscale – sull'uovo o la gallina – allora c'è il dirupo delle regole con i tagli automatici). Una terminologia che rende bene l'idea (a proposito di noi italiani, gli americani parlano invece di *clownmanship* e di "dolce vita" – il passo successivo ai precedenti, molto più pericoloso).

Intanto il mio trenino di collegamento è arrivato e, sia pure con parecchie soste intermedie e un nuovo lungo tratto a piedi (visto che i nastri mobili di passeggiamento non sono in funzione), sono ora al *gate* della mia nuova partenza. Peccato che nel frattempo abbia perso la coincidenza, nonostante la mia prenotazione *business*, e sia costretto ad acquistare un altro biglietto di classe *economy*, con una diversa compagnia aerea che non dispone di posti liberi di classe superiore, neanche a pagarlo a peso d'oro (sono ovviamente in viaggio per lavoro).

Dopo un'ora di ulteriore ritardo mi imbarco, scoprendo con rammarico che i posti *economy* cui siamo abituati in Italia (non certo spaziosi) sono in realtà suite matrimoniali in confronto a questi. Il sedile non è neppure parzialmente reclinabile, e l'unico modo per infilarmici dentro è tenere le gambe in diagonale, fino a sfruttare la massima estensione dell'ipotenusa che si ottiene collegando l'estremo sinistro dello schienale posteriore e l'oblò laterale alla mia destra. Fosse un volo breve, un Roma-Milano di un'oretta al massimo, lo capirei anche. Ma qui le ore previste sono oltre 4 e, visto il forte vento contrario atteso lungo la rotta, diventeranno facilmente 5. Meglio pensare ad altro.

In sostanza, a causa del "dirupo", dello stallo tra democratici e repubblicani, ogni circa 3 mesi l'economia mondiale rischia di collassare e, sempre a causa dell'indecisione politica, anche le infrastrutture del paese stanno andando in quella direzione, insieme all'educazione universitaria, un tempo vanto degli Stati Uniti a livello mondiale e oggi, anno dopo anno, in rapida discesa.

Leggo infatti, sempre sullo stesso giornale, che anche a causa di questo (infrastrutture decrepite, standard accademici in caduta libera e, oltretutto, nuovi vincoli burocratici all'immigrazione dei talenti e alle importazioni di vario genere) il posizionamento competitivo degli Stati Uniti sta rapidamente scendendo (l'indice della "facilità nel fare business" sviluppato dal World Economic Forum – quello di Davos – li colloca oggi al settimo posto, rispetto al primo di pochi anni fa).

A giudicare dall'assortimento dei miei compagni di viaggio, da ciò che fanno, da ciò che dicono e mangiano, e dai piani di attività previsti per la loro permanenza nella città in cui mi sto recando, c'è davvero da chiedersi se la nazione più ricca e potente del mondo sia arrivata al suo apogeo: l'Impero romano con i barbari alle porte, al culmine della sua parabola ascendente di civilizzazione e un passo prima dell'inevitabile e fragoroso tramonto.

Dai Cesari a Totti. Dai centurioni che dominavano il mondo conosciuto, ai tassinari sintonizzati 24 ore al giorno sulle radio delle squadre di calcio.

Gli Stati Uniti d'America a un passo dal *fiscal cliff* delle invasioni barbariche?

Con Obama come un imperatore di Roma, nel momento della massima espansione e magnificenza, ma anche appena prima del progressivo e inarrestabile crollo?

La città dei fakes

L'idea ricorrente dell'imperatore Obama, e degli Stati Uniti di oggi come l'Impero romano del tempo che fu, mi gira in testa come una canzone stonata durante tutto il volo (terribile, per lo spazio ridotto dei sedili, per la presenza della passeggera accanto che mangia continuamente popcorn, per le forti turbolenze sulla tratta). E prende forma concreta poche ore dopo l'atterraggio.

Con 9 ore di fuso orario di differenza e 14 abbondanti di viaggio alle spalle, appena arrivato in hotel decido di non andare in camera, sicuro di addormentarmi di colpo adesso che sono le 19, col rischio di risvegliarmi alle 22 e di non riuscire più a riaddormentarmi. Senza neanche cambiarmi decido per una passeggiata lungo la Strip, la via centrale della città.

Non ho camminato neanche per un centinaio di metri, ripensando alla faccenda dei centurioni e dei tassinari, che mi accorgo di un tempio romano alla mia sinistra, con tanto di ninfe e divinità della caccia e della guerra. Un altro po' di strada e mi ritrovo il Pantheon, poi addirittura il Colosseo, in miniatura. Mi guardo intorno e noto nell'ordine: la Fontana di Trevi e quella del Tritone, con tanto di turisti che si voltano di spalle per lanciare all'indietro la monetina da 1 cent; poi la torre dell'Orologio e piazza San Marco con tanto di canali, gondole (a pagamento, 20 dollari a giro) e piccioni telecomandati; poi, in lontananza, la Sfinge egizia e, dalla parte opposta, la Piramide di Cheope, che emette un fascio verticale di luce verde molto potente, in contrasto con le luci rosso incandescente della lava e dei lapilli emessi da un vulcano artificiale in eruzione (che pare sia una copia esatta dell'altro – o è l'altro una copia di questo? – vulcano-a-comando pure assai noto della Costa Smeralda). Luce verde e zampilli rossi che si innalzano fino a tagliare come una lama il cielo, già completamente buio da queste parti, anche se siamo a tarda primavera.

In mezzo a tutto questo, alle luci multicolori, alle auto di grossa cilindrata che girano rumorose a passo d'uomo lungo la via centrale, migliaia di persone si accalcano in fila all'ingresso dei vari hotel casinò con lo sguardo divertito e al tempo stesso ingenuo del bambino al luna park che crede ancora che nel tunnel del terrore ci siano davvero i fantasmi, e che i pirati e gli orsi che si aggirano intorno alla pesca delle oche siano autentici, e che nella mitragliata finale delle auto volanti davvero vinca chi colpisce gli altri...

Se dovessi usare un'unica parola per descrivere Las Vegas, e in particolare la Strip in cui mi trovo, costeggiata da decine di giganteschi hotel a tema (dal Bellagio al Mirage, dal Caesars Palace al Treasure Island), sceglierei l'aggettivo "*fake*": ovvero falsa, barocca, pacchiana al limite del cattivo gusto, anzi di più. *Cheesy*, si dice da queste parti di un formaggio non certamente d'annata e probabilmente anche *passé*: ovvero, "puzzolente".

Tutto qui intorno è falso, scopiazzatura senza pudore di ciò che gli americani hanno notato (distrattamente) di bello e famoso al mondo e che hanno deciso di portarsi a casa, per giunta in mezzo al deserto. In un posto dove d'estate è impossibile respirare per il caldo torrido e d'inverno è troppo freddo per girare senz'auto.

Mentre cammino svogliatamente, ormai colto da una sonnolenza atavica, vengo avvicinato dai "buttadentro", imbonitori che offrono di tutto, il cui comune denominatore è la *ultimate experience* (la notte brava per eccellenza) di Las Vegas: quello che avresti voluto fare almeno una volta nella vita se non avessi avuto remore.

Un tizio di colore vestito da rapper, con tanto di catenone d'oro al collo e pendaglio a forma di "$", mi propone un giro su uno Hummer (il gippone dell'esercito americano, lo sfregio per eccellenza alla praticità e al risparmio energetico, lungo a occhio e croce almeno 16 metri). A bordo ci sono tre belle ragazze scollacciate, una color ebano, una giapponese bianca come il latte e una che si spaccia per Marilyn Monroe e che probabilmente è originaria di una qualche provincia messicana. Nel gippone ci sono anche una Jacuzzi per quattro e un lettone rotondo a forma di cuore. Puoi noleggiarla per un'ora, giusto il tempo che ti occorre, pastigliette di Viagra incluse, per dare una veloce ripassata a tutte e tre, mentre il *driver* continuerà a girare senza meta per le strade del centro illuminate a giorno.

È tutto gratis, mi dice in un italiano stentato (deve avermi riconosciuto dallo zaino di una nota marca nostrana), l'auto e le ragazze. Non è prostituzione (illegale da queste parti), è che gli stai proprio simpatico e vuol diventare tuo amico. Ovviamente lo champagne che sarai costretto a offrire alle ragazze costa 5mila euro a bottiglia, ma queste sono sottigliezze. Non ci devi fare caso, a Las Vegas. Non devi stare a fare lo spilorcio come tutto il resto dell'anno; perché qui è come a Capodanno e a Carnevale, messi insieme e moltiplicati per tre, però tutte le sante sere.

Con qualche difficoltà mi libero del rapper-pappone e proseguo lungo i marciapiedi affollatissimi, evitando con un abile dribbling l'approccio di due imbonitrici filippine, che indossano solo mutandine risicate e una maglietta bianca bagnata con la pubblicità di un sito web, "breakmyass.com". Anche questo, un nome che è un programma.

Ormai sommerso dal fiume di persone che mi scorre intorno, composto da gente di tutti i tipi, noto però che hanno come tratto comune l'essere vestite male, anzi malissimo, sia pure talvolta con abiti costosi. Ma certo non c'è bisogno di venire fino a Las Vegas, per sapere che la raffinatezza non si compra con i dollari...

Il sogno americano

Arrivato all'ingresso del Mirage, uno degli hotel casinò storici di Las Vegas, mi decido a entrare spinto dalla mia innata curiosità, pur con qualche titubanza.

Dopo un ampio salone d'ingresso si entra direttamente nella sala giochi (ogni hotel ne ospita una molteplicità, a tutti i piani e aperte a tutte le ore, oltre a numerosi ristoranti e a teatri operativi tutte le sere dell'anno). Ci sono migliaia di slot machine e centinaia di tavoli verdi, gente per ogni dove che guarda, gioca, beve (i drink ai tavoli sono gratis, giusto per farti ubriacare e incentivarti a giocare ancora di più), mangia popcorn e altro *junk food* e si diverte ridendo nel modo più grossolano possibile.

"Tutto a Las Vegas è esagerato", recita la pubblicità sui monitor alle pareti delle sale.

"Benvenuti a Las Vegas, la città favolosa", ti accoglie d'altronde il cartello d'ingresso alla città: quello che t'aspetta dentro non può essere da meno. Tutto qui è eccessivo e mirato a un unico obiettivo: farti passare una notte da sogno, in cui tutto ciò che hai sempre desiderato può magicamente accadere (anche se, spesso, lasciandoti in maniche di camicia).

"Se rimani a Las Vegas per una settimana", precisa un'altra pubblicità, "ricordati ogni tanto di dormire." Perché sarai catturato dal sogno del divertimento infinito: del gioco e della scommessa, dello champagne francese (ovviamente *faked*) e delle belle ragazze di ogni razza e colore (quanto anche loro siano *faked* non ho potuto appurarlo).

È questo dunque il sogno americano?

L'incubo di un bambinone invecchiato, mezzo arricchito e mediamente obeso, che gira con gli short a campana e la felpa dei Lakers taglia XXL, credendo anche di essere elegante? O che riconosce da una foto la piazza di quella città in mezzo all'acqua nel Nordest d'Italia – o era la Croazia? – certamente copiata dall'hotel di Las Vegas con i canali e le gondole?

Ha un bel dire, il presidente Obama, di voler investire in infrastrutture e in educazione, o più recentemente nella mappatura del cervello umano per comprendere (con un investimento iniziale di appena 100 milioni di dollari, una sciocchezza rispetto ai budget miliardari utilizzati dalla NASA per piantare una bandierina sulla Luna) come funziona veramente, come risolverne le principali malattie e (magari) come influenzarlo a scopi sociali, scientifici e forse anche militari.

Le stesse leggi in corso di approvazione al parlamento americano, che renderanno più difficile e costosa l'immigrazione di nuovi talenti da ogni parte del mondo, impoveriranno il patrimonio umano di riferimento del paese: meno giovani mediamente ben formati e con buone capacità professionali, e anche meno energia grezza e voglia di lavorare sodo, per realizzare il "vecchio" sogno americano: quello dell'ascesa sociale e del benessere, del successo nel lavoro ottenuto attraverso una competizione autentica; e non già il sogno decadente e sempliciotto di una notte brava a Las Vegas. Forse, qui come altrove, insieme al dirupo fiscale esiste anche un "burrone valoriale" da arginare e contrastare.

121

Oltre allo stallo decisionale di Washington, oltre al "sequestro" esercitato di volta in volta dall'uno o dall'altro partito, oltre alle regole automatiche di autodistruzione dell'uovo e della gallina, l'America deve ritrovare sé stessa per tornare a essere grande, ripartendo dalle infrastrutture, dall'educazione e dalla cultura, anche con l'aiuto di quegli immigrati che per decenni sono stati in piccola parte il suo cruccio e per molti altri versi una delle principali ragioni del suo successo.

A Las Vegas ci si dovrà anche ricordare di dormire ogni tanto. Ma a Washington devono darsi una svegliata, e piuttosto in fretta.

E non solo a Washington, ovviamente.

Arrivano i nostri

Nei western, quando i buoni sono ormai ridotti al lumicino, barricati nel fortino in mezzo al deserto, circondati da pellerossa inferociti a caccia di scalpi, risuona di solito la trombetta della carica della cavalleria che sta arrivando a salvarli. È la trombetta dell'America che funziona, nonostante i suddetti "sequestri" di Washington e gli eccessi di Wall Street (e nonostante le pacchianerie dei vizi senza senso e senza gusto di Las Vegas).

È la trombetta della *real economy*, ovvero della manifattura che sta reimportando il lavoro fino a poco tempo fa delocalizzato in Cina (non per amor di Patria, sia chiaro, né per i contributi statali da "politiche per il Mezzogiorno" all'italiana, ma per il recupero di produttività che permette oggi di avere stabilimenti in Alabama o nel Wisconsin più competitivi rispetto alla "vecchia" Europa e anche alla "giovane" Asia).

È anche la trombetta della *digital economy*, che attraverso un mix di innovazione tecnologica (leggi: PayPal), design (leggi: Apple) e modelli di business (leggi: Facebook) riesce ormai da decenni a stare nella parte alta della curva della crescita, più per merito di discontinuità radicali che di ottimizzazioni incrementali.

Ed è infine la trombetta dell'America che riesce a fare i conti bene e subito con i propri errori, come nel caso del *real estate* in cui, dopo la drammatica bolla immobiliare dei primi anni 2000, ha saputo svalutare rapidamente ciò che meritava di esserlo, lasciando fallire numerose aziende e istituzioni finanziarie creditrici, licenziando in un weekend centinaia di migliaia di lavoratori laddove non aveva senso (economico) fare altrimenti. Anche in conseguenza di questo, il settore immobiliare e quello finanziario sono oggi ridivenuti il vero traino dell'economia, con le imprese costruttrici che hanno ripreso a lavorare, ben finanziate dalle banche, e con una forte domanda d'acquisto da parte dei consumatori, di nuovo interessati a investire e (perché no?) a speculare nel mattone.

È lo spirito imprenditoriale che sta salvando nuovamente l'America, dopo averla fatta grande.

È la capacità di subire il colpo, prenderne coscienza, ammettere la sconfitta e ripartire, nonostante i problemi e le inefficienze della politica.

È la capacità di svegliarsi ogni giorno con un nuovo sogno da realizzare lavorando duramente. O, quantomeno, cui aspirare con qualche chance di riuscita.

È questa l'America che ho imparato a conoscere, ormai una ventina di anni fa. Ricordo la confessione che mi fece un mio professore californiano. Frequentavo un corso all'Università di Riverside, nei pressi di Los Angeles (ateneo periferico non particolarmente noto, per la verità). Quel professore mi rivelò che insegnava di giorno per lavorare di notte a un suo software di *digital education*, reinvestendo ogni guadagno per pagare il programmatore che traduceva in codice le sue idee, ovviamente già coperte da brevetto. Alla fine della chiacchierata aggiunse, vedendomi stupito, che «ognuno qui in America ha il proprio sogno nel cassetto. Per diventare qualcuno, ricco e famoso».

Non so immaginare quanti docenti in Italia passino le notti e investano i loro risparmi per brevettare un'idea o lanciare un progetto d'impresa, sapendoli destinati nel 99% dei casi a fallire. Di "California", in Italia, c'è solo un paesetto dell'Emilia-Romagna con questo nome (vedere per credere, ci sono passato casualmente una volta in bici: una decina di case in aperta campagna, niente di più). Quanto alla Silicon Valley, non ce n'è purtroppo neanche l'ombra.

Forse è anche una questione di cultura. In Italia chi fallisce è bollato come un perdente a vita. Nessuno gli darà più "credito", letteralmente. Chi ha credito non chieda credito (alle banche), avevo intitolato un mio *paper* consulenziale sull'argomento, spiegando le logiche di politica creditizia delle istituzioni finanziarie sulla base di pochi enunciati aforistici – o *witticisms* – alla Oscar Wilde (del tipo: "Posso resistere a tutto, ma non alla tentazione di prendermi dei rischi ingiustificati", o "Nel credito ci sono due tipi di cliente: chi ha bisogno di finanziamenti e non li merita, e chi li meriterebbe ma non ne ha bisogno", o anche "La banca vorrebbe essere il primo partner dell'impresa, mentre l'impresa vorrebbe divenirne l'ultimo").

Chi ce la fa, invece, è nel peggiore dei casi amico di politici o membro di sette massoniche e parareligiose. Nel migliore dei casi, deve nascondersi perché non lo si sappia in giro, per dissimulare il fatto di non essere un mediocre come gli altri. Oggi chi ha successo, e quindi guadagna molto, è messo in croce dai media e da associazioni protestatarie dell'ultima ora. Mentre il "povero cristo" è per definizione vittima del sistema (che non abbia mosso un dito per darsi da fare, o che sia falsamente povero perché si è "scordato" di dichiarare al fisco quanto guadagna, sono dettagli spesso tralasciati).

Ma non vorrei rimanere sul generico, col rischio di essere tacciato di qualunquismo. Prendiamo il caso, a me abbastanza noto, del mestiere di consulente strategico.

Ci arrivi dopo la laurea, la specialistica e sempre più spesso il master, quindi dopo più o meno 18-20 anni di studio (durante i quali inviti ogni tanto la tua ragazza a mangiare la pizza – margherita – con i soldi presi vergognosamente a prestito da papà).

Inizi (se non hai santi in paradiso) facendo l'analista, con uno stipendio che ti permette a malapena di pagarti un monolocale in affitto nell'estrema cerchia di Milano e di cenare in un fast food – quello col gelato in promozione a 1 euro. Lavori letteralmente come uno schiavo ai remi di una galea romana tra le onde del mare in tempesta, spesso 7 giorni su 7, per 12-15 o anche 18 ore al giorno.

Se sei bravo intellettualmente e sopravvivi fisicamente, riesci a farti promuovere associato in 3-4 anni. Allora ti puoi permettere uno stile di vita appena migliore del precedente: puoi vivere in affitto nel quartiere cinese ad appena 20 fermate di tram dall'ufficio e cenare anche con un piatto di pasta alla Simmenthal (ogni tanto).

Poi diventi manager, dopo altri 3-4 anni, se hai fortuna; e *director*, dopo altri 3-4, superando una selezione *up or out* (o vieni promosso o ti licenziano). A quel punto, se riesci ad avere clienti tuoi, a sviluppare un business che gestisci tu, spesso da zero, confrontandoti con una concorrenza micidiale e sempre più dura (specie in Italia, vista la contrazione dell'economia e i tagli alle spese, comprese quelle per consulenze), puoi giocarti la chance di diventare *managing director*, ovvero partner, socio della società, semidio – una sorta di Thor che combatte con la penna e con la slide.

Dopodiché, ogni singolo giorno di ogni mese di ogni anno come *managing director*, ti svegli con l'ansia e la responsabilità di trovare un nuovo cliente che sia disposto a investire soldi su di te e nella tua società, quasi sempre solo grazie alle tue idee ed esperienze: nulla di più intangibile, almeno sulla carta.

Ebbene, se esci vivo da questo Vietnam e sei fortunato, al punto da diventare, anno dopo anno, uno dei *top advisors* del tuo paese e magari a livello internazionale, arrivi a guadagnare molto bene. Col rischio però che l'anno successivo vada male (poiché gran parte della retribuzione è variabile), e l'anno dopo ancora ti ritrovi senza lavoro, bruciato per sempre, neanche più utile a fare slide. Come un calciatore col menisco rotto, o una velina fuori peso forma.

Ma non è finita. Se superi indenne tutto ciò e anche per quest'anno ti è andata bene, anche se hai pagato le tasse fino all'ultimo centesimo, con le aliquote spaventose che il fisco oggi pretende dai più fortunati, guai a sentirti orgoglioso di aver avuto successo e di aver trasferito allo Stato, ai tuoi concittadini meno fortunati, un 70-80% dei soldi che hai guadagnato. Guai, perché sarai comunque duramente criticato, e attaccato con acrimonia, ritrovandoti addosse le colpe dei molti mali della società...

Insomma, se nella vita hai realizzato qualcosa, in America hai il diritto di andarne fiero e anche di sbandierarlo ai quattro venti.

In Italia no.

Perché il successo non è ammesso. Forse in parte per invidia.

A meno che tu non sia un calciatore.

O una velina.

Aria di montagna e cortina proibita

L'ultima sera a Las Vegas vengo coinvolto nella solita cena aziendale, una sorta di rito propiziatorio per un nuovo anno di successi della *partnership* di cui sono membro. Quest'anno è organizzata presso un noto ristorante giapponese che, essendo a Las Vegas, è anch'esso ovviamente *faked*.

Al posto del sushi ci propongono pollo fritto con cipolla e qualche salsa orientaleggiante. Il sashimi sembra di plastica, e comunque è servito insieme a ketchup e maionese col riso impastato e modellato a forma di hamburger. Alla fine ci portano un sakè che ricorda tutto tranne che il sakè (almeno non ha le bollicine, ed è già qualcosa). Esco dal ristorante col mal di testa (colpa del finto sakè?) e quasi quasi me ne andrei a dormire, ma vengo praticamente costretto ad accompagnare alcuni colleghi che vogliono tentare la fortuna ai tavoli da gioco.

Ebbene, appena varcata la soglia del casinò, magicamente il mal di testa scompare.

Mi sento anzi molto meglio, quasi euforico, come se fossi in alta montagna. È l'effetto del casinò, mi spiega un amico. Non dovuto al gioco, però. Non solo i casinò di Las Vegas sono privi di finestre e di orologi, in modo da farti perdere la cognizione del tempo, ma addirittura l'aria gelida sparata dai condizionatori è arricchita artificialmente di ossigeno puro. Ed è appunto l'ossigeno, col suo noto effetto eccitante, a darti quella sensazione di euforia che ti permea lentamente, senza che tu te ne renda conto (quantomeno prima di svenire per iperventilazione).

Il risultato è garantito, parola mia. Ti viene voglia di provare tutto, allegramente e senza pensare alle conseguenze.

Se incrociassi Claudia Schiffer la inviteresti a cena.

Se si sedesse al tuo fianco Warren Buffett, gli daresti due dritte su dove investire.

Se entrasse in sala quell'ex primo ministro italiano lo sfideresti a chi la spara più grossa.

Esattamente la condizione ideale che permette ai croupier dei tavoli di farti perdere tutti i soldi che hai.

Fortunatamente le tentazioni del gioco, l'effetto subdolo dell'ossigeno arricchito, le bevande alcoliche offerte gratuitamente da bellissime ragazze che ti incitano a tentare la fortuna per loro, su di me non hanno grande presa. I miei freni sono più forti: merito del mio DNA "contadino", immagino. Meglio un succo di pesca oggi che uno champagne domani – avrebbe detto mio nonno, che di albicocche grandi come pesche e di pesche grandi come meloni se ne intendeva, e che diffidava dei troppo facili regali altrui.

O forse è merito del fatto che, dopo il cambio di fuso orario e il volo di andata in classe *economy*, sono letteralmente distrutto (l'*economy* sugli aerei di linea americani sta all'*economy* europea come l'*economy* europea sta alla *business* mediorientale: una specie di trappola per topi in cui faticherebbe a infilarsi anche David Copperfield – rimasto senza la Schiffer, che hai già invitato a cena tu).

Allontanatomi dai tavoli da gioco e dall'aria artificialmente modificata, trascorro le ultime ore della serata con un collega appena arrivato nella società, responsabile del nostro ufficio di Seoul, capitale della Corea del Sud.

Mi parla dei giorni di terrore che si stanno vivendo nella regione dopo le nuove minacce di attacco atomico da parte di Kim Jong-un, quel ragazzetto cicciotto dal taglio di capelli misto spazzola, zazzera e rasoiate da militare che vedrei bene a una slot machine del Mirage, con un bicchiere di cartone traboccante di Pepsi in mano (quelli che danno qui tengono 2-3 litri almeno) e un enorme sacchetto di popcorn al burro di arachidi sulle ginocchia.

Sto organizzando un viaggio a Seoul, per visitare alcune banche cui proporre i nostri servizi di ristrutturazione aziendale, dopo la recente bolla immobiliare e la crisi (relativa, rispetto agli standard europei) registrata nell'industria dell'elettronica e altro ancora, compresa la forte svalutazione dello yen (conseguenza della politica inflazionistica di Abe, che sta rendendo invece più competitive le aziende giapponesi e di fatto "esportando" disoccupazione).

Sulla Corea del Nord ho letto molto, pur non essendoci (per ovvi motivi) mai stato. È senza dubbio un paese affascinante per molti versi, da brivido per altri, con la sua dittatura familiare di origine semidivina mascherata da regime comunista, la fede cieca di larga parte della popolazione nel suo leader (nonostante muoiano di fame), l'armamento nucleare di cui si sta dotando pur mancando addirittura dell'energia elettrica per tenere accesi i lampioni di notte (Pyongyang, la capitale che sorge sul fiume Taedong, se osservata di notte dallo spazio, è più buia del più insignificante quartiere periferico di Las Vegas). E con il suo esercito costituito, a quanto pare, da oltre 5 milioni di persone: uno dei più grandi al mondo, certamente quello dalla più alta percentuale di soldati rispetto alla popolazione totale (circa 40 ogni 1.000 cittadini, ovvero quasi 1 su 10, o 1 su 3 senza considerare vecchi e bambini).

Insomma, la vicenda della Corea del Nord sembra uscita da un romanzo di fantapolitica. Peccato che sia tremendamente reale, e ambientata al giorno d'oggi, col rischio che il ragazzetto con la Pepsi e i popcorn seduto davanti alla slot machine, una volta o l'altra, decida per scherzo o per follia di schiacciare il pulsante della guerra, con conseguenze inimmaginabili (ho sentito parlare di uno scrittore che sulla minaccia nordcoreana ci ha realizzato un *financial thriller*, ambientato nel 2015 durante l'Expo di Milano, con attentato finale a base di armi biologiche).

Dopo la chiacchierata con il collega, finisco la serata con una birra in camera mia. A volte, quando sono troppo stanco per non aver dormito quel minimo di ore previsto persino dallo statuto dei consulenti strategici, non riesco a prendere sonno. In questi casi una buona birra aiuta. Nel frigobar ce ne sono di molte qualità: al profumo di ciliegia, al gusto di whisky e vaniglia, col verme morto dentro (alla messicana... ma questa, mi accorgo, è una bottiglietta di tequila). A Las Vegas non c'è proprio nulla di "normale". Neppure la birra.

Bevo quella al profumo di ciliegia in pochi, avidi sorsi. L'alcol, sia pure in modica quantità, ha l'effetto di una martellata alla tempia e in pochi minuti mi ritrovo mezzo ubriaco. Incapace tuttora di prendere sonno, ma adesso anche di centrare la tazza del wc, se non dopo lunghe manovre di avvicinamento. Sarà colpa della stanchezza e del fuso orario stravolto, o forse del profumo di ciliegia misto al luppolo e del verme imbevuto di tequila che devo aver ingoiato per sbaglio, ma la testa mi gira terribilmente. Mi sembra anzi di rivedere, come filtrate da un caleidoscopio in movimento, le immagini del Caesars Palace, della Sfinge, della Fontana di Trevi e del Colosseo...

Poi lo scenario cambia, e mi ritrovo davanti l'enorme, orribile Ryugyong Hotel di Pyongyang, a forma di albero di Natale (costruito per ospitare i turisti internazionali e oggi in realtà occupato da militari e servizi segreti), l'Arco della Riunificazione e la Torre Juche. Ed ecco persino la statua del Presidente Eterno Kim Il-sung, il nonno del ragazzetto alla slot machine col dito sul pulsante dell'attacco nucleare.

Questa Corea onirica è una propaggine di Las Vegas, appena oltre il centro, di città irreale in città irreale, con il cattivo gusto a fare da *trait d'union*, insieme alla volontà precisa di essere fuori dal cammino della Storia (con la "S" maiuscola). Anzi di andare in senso opposto, come viaggiando contromano in autostrada.

Mi riprendo con la fronte appoggiata al lavandino di marmo, dopo aver tenuto la testa sotto un getto di acqua fredda per un paio di minuti. Sono fradicio (anche di sudore, addosso) e parecchio stordito dalle mie assurde visioni.

Riguadagno a fatica il letto e mi sdraio a braccia e gambe leonardescamente aperte, cercando di capire dove mi trovo.

Giro la testa e guardo oltre la parete di vetro che dà sul vuoto, qui al trentesimo piano. È tutto illuminato a giorno, là fuori, nonostante siano le 3 di notte.

Vedo il campanile rassicurante di piazza San Marco, e la Torre Eiffel.

E nessun hotel a forma di albero di Natale, nessun ordigno nucleare pronto a deflagrare.

Solo il vulcano artificiale che erutta, come in Costa Smeralda. Fortunatamente.

Se la vita dev'essere un gioco, meglio la roulette di Las Vegas che quella di Pyongyang.

Meglio ancora le scommesse di Obama, rispetto all'immobilismo europeo.

Meglio l'imprenditoria a volte sopra le righe e arrogante degli americani, con tutto il loro cattivo gusto, rispetto all'inerzia reazionaria di quella della vecchia Europa, per quanto capace di apprezzare la buona tavola e l'arte vera.

Su questo pensiero confortante, piombo in un sonno profondo.

Crescere senza risorse:
come fare belle nozze con i fichi secchi,
e perché anche l'Italia si merita un bel *turnaround*

Per il tacchino è sempre Natale

«Al Natale piace il tacchino» diceva in una sua battuta un famoso comico. «Ma non è detto che al tacchino piaccia il Natale!» Si riferiva ovviamente alla tradizionale Festa del Ringraziamento americana, con pranzi e cene a base di tacchino arrosto.

Per il tacchino è peraltro sempre Natale, si potrebbe aggiungere pensando alla strana coincidenza in inglese dei termini "tacchino" e "Turchia" (*turkey* in entrambi i casi, salvo l'iniziale maiuscola).

"*In Turkey it is always Christmas*", leggo in uno degli ultimi *papers* del noto professore ed economista americano Jeffrey D. Sachs, mentre sono in volo per Istanbul.

"La Turchia", (o il tacchino?), scrive Sachs, "ha avuto un enorme successo nell'ultimo decennio: l'economia è cresciuta rapidamente, la diseguaglianza è diminuita, l'innovazione aumentata."

In effetti, il successo del "modello turco" è quanto mai sorprendente, specie se si pensa al resto della "fattoria". A occidente di Istanbul, Cipro e la Grecia – che hanno rischiato veramente di fare la fine del pollo arrosto – sono al centro della crisi del debito pubblico europeo. A oriente Iraq, Iran e Siria, e poi ancora Armenia e Georgia, paesi lacerati da conflitti interni ed esterni più o meno manifesti – altrettante "anatre all'ingrasso" pronte per essere cucinate – hanno visto un nutrito esodo di rifugiati politici e di capitali proprio verso la Turchia, dove invece pare sia sempre Natale.

Dopo una rapida e drammatica crisi economica nel 1999-2001, il Tacchino turco è cresciuto del 5% annuo fino ai giorni nostri, nonostante le guerre dei vicini, la crisi finanziaria, il riscaldamento globale e l'aviaria. Nessuna bolla immobiliare all'orizzonte, inflazione (un tempo elevata) sotto controllo, sistema bancario (semi-fallito nel 2001, con i principali istituti poi immediatamente ristrutturati e fusi tra loro con grande decisione) tra i più capitalizzati e redditizi al mondo, e persino stabilità politica (il governo del primo ministro Recep Tayyip Erdoğan è al terzo mandato consecutivo, con una quota di voto popolare ogni volta crescente).

Eppure, almeno all'apparenza, non c'è nulla di particolarmente straordinario o eccezionale che giochi a favore del Tacchino: nessun giacimento di petrolio, come per il Medio Oriente; niente *shale gas* che possa rilanciarne la produttività, come per gli Stati Uniti; nessuna manifattura semimonopolistica che possa dettare legge in alcuni settori a livello mondiale, come per la produzione di aerei o armamenti. Ma molta voglia di darsi da fare e di emergere, mi sembra di capire. Usando tutte le poche e povere cose a disposizione, con desiderio di riscatto e un pizzico di creatività.

A partire dal turismo, che ha attratto 36 milioni di visitatori nel 2012. O dalle università, che si stanno rapidamente sviluppando: offrendo molti dei loro corsi di formazione in lingua inglese, per accelerare l'internazionalizzazione; e favorendo lo sviluppo tecnico nel ruolo di incubatori, per accelerare il tasso di nascita (e le probabilità di successo) di *start up* nei campi del digitale, dell'elettronica evoluta e delle energie rinnovabili. Inoltre la Turchia è stata abile anche nel valorizzare la sua localizzazione geografica, a cavallo dell'Europa e dell'Asia, non lontana dal ricco Medio Oriente e dall'Africa in forte crescita prospettica.

Insomma, oggi il Tacchino va di moda. E il volo che ogni mattina parte da Malpensa alle 6.30 per Istanbul è sempre stracolmo di italiani che stanno cercando di fare business con quel paese dei miracoli, dove il PIL continua a crescere nonostante tutto; dove i servizi sono ormai predominanti rispetto alla manifattura, pur non essendoci un vantaggio o motivo specifico; dove persino l'integrazione tra culture e religioni pare procedere senza problemi – nessuna Primavera Araba o Inverno Siberiano da queste parti, almeno per il momento.

Scrive alla fine lo stesso Sachs che neppure la ricetta alla base del successo turco è particolarmente straordinaria: molto buon senso, politiche monetarie prudenti, gestione equilibrata del fisco e un intervento deciso, netto, efficace nella ristrutturazione del sistema bancario quando (nel 2001, lo si è detto) ce n'è stato bisogno. E, in generale, capacità di decidere, prendendosi dei rischi, su ciò che serve a far ripartire la macchina degli investimenti pubblici e privati in infrastrutture, competenze e tecnologie innovative.

Mi raccontava tempo fa un amico (che si è trasferito a Istanbul da qualche tempo per lavorare come CFO – Chief Financial Officer – presso una nota banca "tacchino") che all'inaugurazione del cantiere per un nuovo ponte sul Bosforo, la cui fine lavori era prevista entro il 2014 (cioè 2 anni dopo l'evento), il primo ministro Erdoğan pare si sia confuso, menzionando invece fine 2013. Informato della gaffe al termine del suo discorso, ha chiamato il responsabile dell'opera e gli ha detto semplicemente: «Le va bene fine 2013, o chiedo a qualcun altro?».

Ecco, non sarebbe male se anche in Italia qualcuno decidesse qualcosa, ogni tanto, magari per errore...

Non c'è arrosto senza fumo

Il volo arriva a Istanbul in perfetto orario. Ma, dopo l'articolo di Jeffrey Sachs sulle meraviglie della Turchia, rimango un po' sorpreso vedendo la lunga fila al controllo passaporti, quasi mezz'ora d'attesa. Certo dev'essere il segno dell'accelerazione dell'economia, con gli aeroporti che non tengono il passo della moltitudine di persone che desiderano fare business qui. Però il terminal, a ben vedere, è parecchio fatiscente, nonostante le lodi tessute dall'economista americano sulle splendide infrastrutture locali.

Giunto a fatica all'uscita, prendo il primo taxi della fila: tutti gialli, molti sono Fiat, abbastanza scassati e con qualche centinaio di migliaia di chilometri sulle spalle. Il mio è un'Albea (modello mai visto o sentito in Italia). Risalirà certamente a un'epoca in cui dovevano ancora inventare gli ammortizzatori, a giudicare dalle botte sulla schiena a ogni buca (e sono molte) che troviamo lungo la strada per la città più popolosa del paese, la vecchia Costantinopoli, porta di accesso (e fuga) dall'Europa all'Oriente.

Faccio tutto il tragitto a finestrino spalancato, con l'odore di gomma bruciata mista a pesce andato a male che proviene da fuori. La strada costeggia un lungomare non balneabile. Vedo una banchina costruita con pietre di riporto, e molti pescatori dall'aspetto disagiato che tentano la fortuna con canne da pesca improvvisate.

Intanto l'autista si è messo a fumare una sigaretta dopo l'altra mentre guida, e io non posso spalancare il finestrino più di così. Provo a lamentarmi, ma non capisce neanche una parola d'inglese, e a fatica riesco a farmi lasciare nella città vecchia, vicino a uno dei luoghi di maggiore fascino, la grande Moschea Blu. Sono in anticipo di un paio d'ore almeno e, nonostante il sole inizi a picchiare, ho deciso di concedermi una breve sosta come turista.

Intorno alla moschea e ai suoi minareti ci sono bancarelle con cocomeri e frutta di vario genere, e cani randagi che dormicchiano mollemente all'ombra. Non mancano i turisti, certamente, ma la gran parte dei turchi che sento parlare con loro masticano poco o nulla d'inglese.

Facile a dirsi, "incremento di produttività": qui la base della piramide sociale deve essere ancora molto povera e disposta a lavorare per poche lire (turche), mentre ad esempio la famiglia che detiene il controllo della banca che visiterò tra poco possiede direttamente aziende con un volume d'affari pari al 17% del PIL (ma Sachs non aveva parlato di riduzione della diseguaglianza? Be', certo... se si ragiona su una base di partenza in cui 5 o 6 famiglie fanno il 90% del PIL e le altre vendono cocomeri lungo le strade, non dovrebbe essere difficile fare meglio, relativamente parlando).

Facile anche parlare di "crescita dei consumi" quando la maggiore parte della gente gira su Fiat costruite a Torino quando l'Avvocato aveva ancora i pantaloni corti, e di nuovi investimenti in *real estate* e infrastrutture quando la maggior parte delle case sono diroccate (ma costellate da decine di parabole satellitari) e le infrastrutture sono ben lungi dall'assicurare una viabilità decente. Insomma, quando più tardi riprendo il taxi dal centro storico, sono già un pochino più scettico rispetto al modello insuperabile di sviluppo descritto dal mio ben più noto "collega".

Dalla città vecchia alla nuova area finanziaria (un ammasso di grattacieli costruiti soprattutto negli ultimi 10-20 anni) saranno poco meno di 15 chilometri, ma il traffico procede a passo d'uomo (generando una tale quantità di smog da rendere l'aria quasi irrespirabile) e ci impieghiamo almeno un'ora.

All'arrivo in zona, il nuovo tassista – che come il precedente non parla inglese e neppure conosce bene il quartiere dove le principali banche turche hanno sede – mi molla su un lato della strada, nei pressi (ma non precisamente) della mia destinazione. Saranno anche solo 500 metri, ma è come dover attraversare 12 corsie dell'autostrada, nel giorno di ferragosto, con l'asfalto già caldo che rimane incollato alle suole delle mie "preziose" Church's.

Quando arrivo alla direzione generale della banca sono orridamente fradicio di sudore, con il vestito blu diventato bicolore (blu zaffiro su schiena e ascelle, oltremare per il resto). In compenso, mentre salgo con l'ascensore a uno dei piani nobili dell'edificio, da quest'altezza posso godere di una vista ineguagliabile verso il Bosforo e il Mar Nero.

E tuttavia non posso fare a meno di osservare la fitta foschia di smog e altre nubi dall'aspetto strano all'orizzonte, con qualche rimpianto per la nebbia di Milano e la pioggia di Londra. Nonostante la crescita del Tacchino.

Perché se è vero che non c'è fumo senza arrosto, vale probabilmente anche il contrario.

Slow food, slow economy

Rientrato in Italia col volo che atterra alle 23.30 a Malpensa, il giorno dopo sono di nuovo in partenza (questa volta in auto, verso le 6.30) per un'importante riunione di lavoro al World Economic Forum.

La sede del WEF si trova a Ginevra, sulla sponda del lago: un paio di massicci edifici in cemento armato e vetro (blindato), circondati da una rete di protezione tipo base militare e protetti dalla *security* locale. L'architettura è certamente essenziale e ricorda (a me, quantomeno) quella della sede centrale della Spectre (l'organizzazione criminale che, contrariamente al WEF che cerca di favorire attraverso l'economia lo sviluppo di un mondo migliore, si propone direttamente di annientarlo). Prima di iniziare la riunione, mi concedo una breve passeggiata attorno al complesso di massima sicurezza, sorvegliato a distanza da guardie del corpo: la vista del lago è stupenda, e la qualità dell'aria non è neppure paragonabile a quella che ho respirato ieri a Istanbul.

Dopo la riunione mi trovo a pranzo – guarda caso – con il presidente di una banca d'affari turca di grande successo, che sta crescendo a ritmi doppi rispetto a quelli dell'economia di riferimento (tali da surclassare quelli a cui siamo abituati in Europa, e nemmeno nomino l'Italia, il cui tasso di crescita del PIL negli ultimi 5 anni – dall'inizio della crisi – è negativo e pari al -7%; penultima a livello globale, appena sopra Haiti, che peraltro ha dalla sua un terremoto spaventoso e successive epidemie, a giustificazione della performance non proprio stellare).

Il presidente mi racconta di come si stia muovendo la loro economia, di come pullulino gli investitori esteri desiderosi di fare business lungo le dinamiche rive del Bosforo, e di come le aziende dalle sue parti siano veloci nel ripartire qualora una strategia non si dimostri quella giusta. Peraltro, essendo stato per anni *investment banker* tra Londra e New York, non mi risparmia un po' di humour anglosassone sparando battute a razzo sull'Italia e sugli italiani appena se ne presenta l'opportunità.

Non che in altri paesi siano tanto più bravi di noi, o che certi vizietti non li abbiano anche loro; ma noi italiani, oltre a fare, come tutti gli altri, molte cose di cui nostra madre non sarebbe fiera, siamo sufficientemente ingenui e autolesionisti da raccontarle in giro, come se vivessimo in un eterno Purgatorio dantesco autoflagellandoci a livello internazionale. E diventando così la favola del mondo intero.

Pranzo e discussione col banchiere turco finiscono però – come spesso mi capita (purtroppo) quando sono in compagnia di un cliente straniero – con una magra concessione a nostro favore.

«Eh, la cucina italiana, i vini, le belle donne...» comincia a dire, snocciolando una lista infinita di vini e aziende vinicole DOC di cui fa collezione, e di cui io, per la maggior parte, non ho mai sentito parlare. E conclude: «Siete senza speranza, però in cucina siete in gamba. Ecco perché non ci dimentichiamo di voi».

Confesso di non potermi ritenere un palato fine, né di essere appassionato di cucina; non amo le ricette elaborate, ma i cibi semplici. Perciò non saprei giudicare se un piatto da gourmet sia realmente tale o la presa in giro del panettone con gelato appioppata ai turisti giapponesi in piazza del Campo a Siena in agosto (non è una battuta: mi è capitato una volta al Palio, quando ero ospite della banca). Tuttavia credo che questa faccenda degli italiani "bravi in cucina e in cantina" (coi vini), oltre che una barzelletta internazionale, stia diventando anche un'ossessione nazionale. Nella classifica dei 10 libri più venduti, i ricettari di cucina non mancano mai. Sui giornali trovi le interviste agli chef famosi. E i programmi tv sull'argomento non si contano.

Mentre saluto il presidente turco, mi chiedo se ci sia una relazione tra il culto dello *slow food* in Italia e la *slow economy* che ci caratterizza. Se ci sia, ovvero, una qualche relazione inversa tra il livello di minima soddisfazione papillare necessario a farti andare avanti e quello di come ti vanno le cose nella vita.

Vorrei capire insomma se la sofisticatezza culinaria e la mania per la buona cucina stiano diventando, qui in Italia più che altrove, un pretesto per pensare ad altro e non affrontare i problemi, un ripiego su una delle poche aree di offerta in cui il Belpaese è rimasto competitivo; oppure semplicemente un passo indietro rispetto al percorso evolutivo della civiltà umana.

Dalla testa alla gola.

Dalla gola all'intestino.
E da questo ancora più giù.

Il *miglio d'oro e il Triangolo d'Oro*

Torno da Ginevra nel tardo pomeriggio e, dopo alcuni meeting con clienti in pieno centro a Milano, nel quartiere finanziario d'eccellenza in Italia, trovo il tempo di una sosta al parco Sempione, per un'oretta abbondante di jogging.

Rientro a casa che è già buio e, mentre ceno con mia moglie con la tv accesa, apprendo delle manifestazioni appena scoppiate da qualche parte nel mondo, con morti, feriti e arresti. Ma non si tratta del Cairo, come immagino inizialmente, e neppure di Tripoli, o della Siria.

Le scene riprese dalle telecamere dei giornalisti internazionali provengono proprio dalla centralissima piazza Taksim a Istanbul, dove le forze dell'ordine hanno reagito con violenza alla protesta popolare nei confronti di un piano edificatorio che andrebbe ad azzerare il parco Gezi, una delle poche aree verdi rimaste in quell'enorme agglomerato urbano. Un altro dei mastodontici progetti di Erdoğan, come il canale dal Mar Nero e il terzo ponte sul Bosforo, deciso in pieno stile ottomano (nel senso del sultano che tutto presiede e decide). Il primo ministro insomma pare intenzionato a usare il pugno di ferro, e ha ribadito che farà costruire un centro commerciale al posto del parco, costi quel che costi.

Me ne vado a letto parecchio stanco, ma con un senso di sollievo nel trovarmi in Italia (e non in Turchia), nonostante la bassa crescita e l'indecisionismo politico (meglio il "bunga-bunga" che la repressione violenta della piazza – vorrei scrivere con un sms al banchiere d'affari turco incontrato a Ginevra).

A ogni modo, la mattina dopo sono di nuovo in partenza, e questa volta per Londra. Ho in programma un incontro con la responsabile della pianificazione strategica di una grande banca inglese, molto redditizia, molto solida e capace di crescere ancora moltissimo.

Sembrerebbe impossibile, visti i tempi che corrono anche in Inghilterra (appena fuori Londra è il disastro, in un contesto di crisi economica non dissimile da quella italiana), ma la ragione è presto detta: le attività di questa istituzione finanziaria si sono sviluppate nel tempo parallelamente all'Impero britannico, e per quella via hanno continuato a consolidarsi e a espandersi fino ai giorni nostri. Nel Regno Unito non è rimasto praticamente nulla (a parte la sede direzionale in piena City, nel "miglio d'oro" della finanza londinese ed europea), perché tutto il resto si trova in Asia, Medio Oriente e Africa. Il posto giusto dove stare oggi.

Il cambiamento di contesto (anche culturale) è immediatamente visibile all'ingresso della banca. Nella reception di questo grattacielo ipermoderno, tutto vetro e acciaio, mi imbatto con un certo stupore in una vecchia casupola di legno marcio, semidiroccata e verdeggiante di muffa, contenente al suo interno un piccolo Buddha color oro. Vengo a sapere che si tratta di uno storico tempio che è stato smontato nel luogo di origine, trasportato e ricostruito qui pezzo per pezzo.

Proviene dalla Thailandia settentrionale, e più precisamente dalla regione del Triangolo d'Oro dove, lungo le rive del fiume Mekong, si intersecano i confini politici di Thailandia, Laos e Myanmar (la ex Birmania). Sono stato in viaggio di nozze, da quelle parti. E ricordo che l'appellativo non deriva da pregi artistici, ma dall'antico commercio dell'oppio, che ha reso molto ricco (per i mercanti di contrabbando) quell'incrocio di frontiere a forma di triangolo.

A parte questo, difficilmente mi sarei immaginato che in quelle aree esistesse la più grande opportunità di creazione di valore per il settore dei servizi bancari internazionali. Oltre il 50% dovrebbe arrivare – ha scritto una notissima società di consulenza globale – dall'offerta di credito e di altri servizi alle PMI (Piccole e Medie Imprese) dell'Estremo Oriente. E l'oppio questa volta non c'entra (né in termini di giustificazione economica, né di eventuale utilizzo da parte del consulente che ha redatto l'analisi).

Ai piani più alti dell'edificio, la collezione di sculture, dipinti e altri oggetti d'arte povera prosegue con ingenua eterogeneità. Nella sala riunioni mi trovo, al posto del classico telefono a stella per le *conference calls*, dei *bonga bonga* (sorta di tamburi fatti con legno della foresta e pelle di fauna selvatica) che usano le tribù in Ghana per le comunicazioni "urgenti". E al posto dell'apribottiglie, una statuetta di pietra colorata raffigurante una sorta di pigmeo dalla faccia enorme e dal corpo mingherlino che puoi utilizzare, facendo leva sul fallo oscenamente proteso, per togliere il tappo a corona dell'immancabile Coca-Cola al gusto di ciliegia.

Si ha un bel dire che le buone idee, le metodologie eccellenti e le esperienze di successo si applicano ovunque. Globalizzazione vuole dire anche eterogeneità e caos, una babele di lingue e culture dove o hai competenze specifiche o sei morto (ad esempio, qualora la mia potenziale cliente mi chiedesse un giudizio sul Myanmar, se sarebbe opportuno o no per loro entrare anche in quel paese, a supporto dei flussi commerciali con la vicina Thailandia, la Cambogia e il Vietnam, potrebbe non risultare sufficiente a una risposta adeguata il fatto di essere un attento lettore delle sezioni "Asia" e "International" dell'"Economist"...).

Nel corso del meeting la mia ospite illustra come il riposizionamento continuo della sua banca, alla ricerca di paesi che cavalcheranno la nuova onda della crescita, abbia progressivamente condotto l'istituto a insediarsi nei paesi dell'Asia emergente (l'ultima frontiera di sviluppo è appunto il Myanmar) e dell'Africa subsahariana (in Ghana la banca terrà il prossimo *management meeting* globale).

Perché è in quei paesi che la produttività è, relativamente, più alta. Là risiede l'opportunità di aumentare la base di ricchezza pubblica e privata in minor tempo e con maggiore accelerazione. Là sono meno stringenti i vincoli in termini di risorse (naturali, finanziarie, di forza lavoro a basso costo e con desiderio di rivalsa) che possono far moltiplicare il valore aggiunto prodotto. Là c'è veramente di che sognare circa le prospettive future.

Ben altro, rispetto all'inevitabile decadenza che invece mi aspetta al rientro in Italia.

È tutta questione di ricetta

Il giorno dopo sono a Roma, per un incontro di studio a Palazzo Chigi con alcuni dirigenti dello staff tecnico del primo ministro, che hanno gentilmente acconsentito ad assistere a una mia presentazione sulle ricette che potrebbero aiutare le PMI italiane a uscire dalla crisi.

Che la crisi ci sia, e non solo finanziaria ma anche culturale, mi appare evidente fin dal tragitto in taxi da Fiumicino verso il centro della Città Eterna (con il sottofondo della radio omonima di una delle due squadre di calcio locali). Secondo una mia stima molto empirica (vengo a Roma almeno 2-3 volte al mese, da almeno 15 anni), gran parte dei taxi della capitale gira con i finestrini anteriori abbassati (e ti tocca tenere gli occhiali da sole quando sei seduto dietro, per evitare moscerini e insetti vari), per risparmiare la benzina che servirebbe a condizionare l'aria all'interno. Anche le sospensioni parecchio rigide della Fiat Duna su cui mi trovo ricordano il mio recente viaggio a Istanbul, benché qui di agitazioni popolari non si veda ancora traccia (forse per pigrizia, o forse perché manca un paio di mesi al prossimo derby).

Rispetto a quello turco, il mio tassista di oggi quantomeno non fuma mentre guida (ma parla al telefonino senza auricolare, raccontando all'amico della «magnata de pesce che se semo fatti a Fiumicino, l'artra vòrta»). In compenso, la mancia è praticamente incorporata alla tariffa fissata dal Comune («Che faccio, dotto'? Famo 50?» – e mi va comunque molto meglio del mio collega americano arrivato da New York senza un euro in tasca e che ha dovuto sborsare 200 dollari).

Giunto a destinazione, mi preparo per il meeting riarticolando i messaggi principali che sono emersi dall'analisi che ho curato per la mia società, analizzando quasi l'intero universo di aziende italiane e intervistandone alcune decine, proprio per comprendere quale potrebbe essere una ricetta nostrana (l'abbacchio "de noantri") che permetta (evitando l'arrivo di un sultano Erdoğan-style) all'Italia di recuperare la produttività e alle sue imprese di tornare a crescere, in redditività e a beneficio di tutti.

Il rilancio della produttività è il vero obiettivo chiave per la ripresa economica del nostro paese, intraprendendo un sentiero di sviluppo che dalla sfera economica potrebbe, con un po' di fortuna e un rigore "a cucchiaio" alla Totti, riflettersi positivamente anche su quella sociale. Per dirla con una formula ipersemplificata, produttività significa "fare di più con meno, meglio e in minor tempo". Aumentare l'output, riducendo l'input e accrescendone il valore aggiunto percepito – in altri termini, ritrovarsi con la botte piena e la moglie ubriaca.

Sulla base della nostra ricerca, tuttavia, solo il 2-3% delle imprese italiane è risultato in grado di realizzare questo obiettivo a livello strutturale (sempre meglio di quanto abbiano fatto le loro concorrenti all'estero, tenuto conto dei tassi di cambio manipolati, dei sussidi incrociati per alcune e del fisco austero per altre, delle politiche monetarie e creditizie lassiste o restrittive a seconda dell'area geografica di appartenenza). Poche, anzi pochissime sono riuscite a crescere in modo redditizio negli ultimi 5 anni, dall'inizio della grande crisi globale a oggi.

Inoltre, la percentuale maggiore riscontrata nell'universo di aziende analizzate appartiene alla categoria delle "morte viventi": aziende non più capaci di stare sul mercato, perché a redditività negativa e capitale azzerato (già matematicamente retrocesse, anche se l'arbitro concedesse loro tre rigori a partita, campionato natural durante). Questi zombie simulano tuttavia di essere ancora in vita, aiutati dalla "buona fede interessata" delle banche finanziatrici che continuano a rinnovare loro il credito già erogato, secondo la già citata strategia definita dagli anglosassoni *extend and pretend* (estendi il credito e fingi che sia ancora esigibile), o *stay and pray* (rimani nella posizione creditizia e prega che si riprenda – anche se nemmeno respira).

Un altro discreto numero di aziende sta invece provando a "de-zombizzarsi", cioè a ristrutturarsi con un mix di interventi finanziari e industriali che molto spesso prevedono tagli da lacrime e sangue ai costi e al personale. Stanno lottando nel girone di recupero, dove i calcioni agli stinchi sono ammessi e non solo quelli, vista la posta in gioco.

Altre ancora stanno lavorando su piani e obiettivi di *turnaround* più ampi (potremmo dire olistici), che uniscono agli interventi di efficientamento e taglio dei costi anche quelli di progressiva innovazione in una o più componenti del modello di business. Un misto di panchina lunga e nuovi innesti dalla "Primavera", con qualche assunzione da calciomercato d'agosto.

Solo un quarto e ultimo gruppo di aziende può considerarsi in vera e propria trasformazione (o in evoluzione genetica?), nella loro ricerca di nuovi modelli di business che rendano perseguibile la crescita – e sostenibile la redditività – anche in contesti di risorse scarse. Sono aziende che stanno cambiando strategia, e che stanno anche tentando di cambiare le regole del gioco (per non dover calciare la palla tutte le volte lungo un campo inclinato di 45 gradi a favore dell'avversario).

A questo gruppo appartengono molte delle aziende vincenti individuate dall'analisi, capaci di anticipare proattivamente i cambiamenti richiesti dal mercato prima dell'inizio della crisi, in modo da de-correlare la propria performance rispetto al contesto recessivo (aziende "rivoluzionarie", le abbiamo chiamate), o di gestirne le problematicità reagendo tempestivamente ed efficacemente non appena la crisi ha avuto inizio (aziende "reazionarie").

Spetterebbe poi alle banche capire operativamente a quali di questi *clusters* appartengano le singole aziende creditrici. Nelle parole di un CEO mio cliente, «il dirigente di banca dovrebbe fare un po' come il bravo contadino, guardando le proprie aziende creditrici negli occhi, come lui fa con le galline: decidendo all'istante quali sono ancora in grado di dargli l'uovo ogni giorno e quali invece sono ormai buone solo per il brodo».

A ogni modo, dall'analisi del comportamento strategico delle aziende (rivoluzionarie e reazionarie) ho cercato anch'io, come consulente industriale specializzato nel *turnaround* e nella trasformazione aziendale, di ricavare la "ricetta giusta" per aiutare le imprese italiane a sopravvivere e a tornare a crescere. Anche se non si trovano sul Bosforo o nel Triangolo d'Oro.

Gli ingredienti identificati (la globalizzazione dei mercati di sbocco, l'evoluzione relazionale del modello dei ricavi, l'innovazione continua e l'investimento in ricerca e sviluppo, la diversificazione per adiacenze successive, l'evoluzione della *governance* e della cultura aziendale, eccetera) alla fine non risultano fattori particolarmente dirompenti, com'era forse logico attendersi.

Nessun ingrediente inedito (le tonsille del diavolo della Tasmania) o esotico (il sale del K2) per salvare la buona riuscita del pranzo o della cena. Piuttosto, l'elemento differenziante risulta dalla loro composizione e cottura – dalla realizzazione pratica – oltre che dall'impiattatura finale.

La ricetta e gli ingredienti sono indubbiamente importanti – direbbe ogni cuoco-star che si rispetti – ma è più spesso il manico (dell'imprenditore più che del consulente, per la verità) a determinare il successo di un'azienda che provi a trasformarsi per vincere.

Ovvero per sopravvivere e non finire in padella.

Fare belle nozze con i fichi secchi

Il meeting a Palazzo Chigi termina molto tardi, e mi accorgo sconfortato di aver ormai mancato sia l'ultimo treno sia l'ultimo aereo per Milano. Sono perciò costretto a noleggiare un'auto e a partire – sono ormai le 22 – per un viaggetto notturno non certo riposante (per motivi personali devo assolutamente rientrare a casa in serata).

Durante le lunghe ore alla guida ho tuttavia il tempo di pensare: alla strategia competitiva per le aziende italiane perseguita dai loro manager e imprenditori; a quanto accademici e consulenti abbiano scritto e predicato in questi ultimi 20 anni; e alle promesse di una nuova politica economica dedicata allo sviluppo fatte dai governi che si sono succeduti, per poi ritrovarci tutti a questo punto.

A fare la figura del pollo (invidioso del tacchino), pronto per il brodo.

A guidare un'auto sudcoreana molto ma molto simile a una BMW – come quella su cui sto viaggiando stasera – ma che costa la metà.

A parlare ancora di strategie di supporto all'innovazione e di defiscalizzazione, di liberalizzazione e accompagnamento all'estero, di difesa dell'occupazione e dell'italianità (che sia enogastronomica, legata al design di una moto o di un vestito, o riferita a una grande banca o assicurazione, poco importa: rappresenta comunque una dichiarazione incondizionata di debolezza).

Strategie, strategie, e ancora strategie... Idee confuse, molte parole e ancor più promesse: quando l'acqua nella pentola ormai scotta e si avvicina pericolosamente al punto di ebollizione.

Non è più il tempo della "grande strategia" *à la* Von Clausewitz, come guerra di attriti e prevalenza del più forte, risultante da un confronto di mercato aspro ma anche diretto e alla fine piuttosto prevedibile, giocato rispetto ai paradigmi vigenti: io BMW, tu Fiat!

Non è più il tempo della "grande strategia" *à la* Napoleone, come arte dell'esecuzione in cui le idee diventano presto luoghi comuni, e la differenza la fa solamente la capacità di realizzarle con migliore qualità e più velocemente: io Hyundai e voi *bye bye*!

Tutto ciò in un contesto in cui il peso dell'innovazione tecnologica (da Internet alle nanotecnologie, dalle stampanti 3D al *fracking*), della progressiva e ineluttabile globalizzazione (chi può più permettersi – compreso il sottoscritto – di ignorare il Myanmar?), e del continuo e imprevedibile cambiamento socio-politico (da Occupy Wall Street alla Primavera Araba – che non è una squadra di giovani promesse del calcio) diventa sempre più determinante.

Forse non è davvero più il tempo delle "strategie". Quantomeno nel loro significato comune, quello secondo cui le svilupperebbe ad esempio, Excel e PowerPoint alla mano, un consulente "tradizionale". Seguendo poche e infallibili mosse...

Uno. Elaboro una "visione a tendere" (ovvero, indossato il turbante e sedutomi su un letto di chiodi, mi fumo qualcosa e prendo a dissertare su scenari inverosimili, la cui probabilità di accadimento è totalmente svincolata dalla struttura logica del ragionamento).

Due. Faccio *benchmarking* (copio gli errori degli altri, per essere certo di zoppicare come il migliore dei concorrenti, perché l'importante non è fare le cose giuste, ma non farle diverse dagli altri).

Tre. Analizzo internamente l'azienda (producendo un diagnostico approfondito, spesso talmente prolungato che al termine del check-up l'azienda cliente è già cadavere).

Quattro. Pianifico una serie dettagliata di interventi di riprogettazione di business e operativa (per rappresentarli mi servirebbe un foglio grande come piazza del Duomo a Milano – ma ho visto recentemente un diagramma di Gantt, la tipica rappresentazione del piano di lavori, stampato da una delle *big four* società di consulenza e arrotolato come una pergamena, spessa abbastanza da poter essere utile come remo a un gondoliere veneziano).

Cinque. Definisco i nuovi obiettivi quantitativi e qualitativi per l'azienda a 3-5 anni (da buon vecchio libro dei sogni, tanto chi ci crede è fesso: qualcuno ha mai provato a fare un'analisi di corrispondenza tra gli obiettivi dichiarati nei piani industriali preparati da aziende importanti, con l'ausilio e il bollo imperiale di notissime società di consulenza internazionali, e quanto effettivamente realizzato *ex post*?).

Ma non buttiamo via il bambino con l'acqua sporca – protestano alcuni guru molto in voga – oggi è il tempo della "strategia dell'oceano blu". No, di quella "della montagna verde" – strillano altri che vendono un sacco di libri (sicuramente più di me, e lo dico con un po' d'invidia). Anzi, oggi è il tempo della "strategia come rivoluzione" – dicono altri ancora – perseguita da leader visionari in grado di reinventare radicalmente un'industria o un intero mercato, traducendo la potenza *in fieri* dell'innovazione nella concreta possibilità di rapidi salti quantici della produttività.

La "strategia come rivoluzione" l'aveva in verità già proclamata a cavallo degli anni 2000 Gary Hamel, professore alla London Business School e acclamato *management guru* internazionale. E, secondo lui, sarebbe stata applicabile da qualunque azienda, seguendo una semplice lista di dieci principi che le avrebbero permesso di liberare il suo spirito imprenditoriale, incrementando drasticamente le possibilità di scoprire modelli di business "realmente rivoluzionari" e capaci di moltiplicare la ricchezza prodotta. Alla faccia di Che Guevara e della guerra di guerriglia.

Non è più dunque – sosterrebbe questo o quell'altro guru – il tempo dei corsi e ricorsi, o dell'eterno ritorno, reinterpretabili in una concezione della storia (economica) caratterizzata da fasi di rapida crescita, ma anche di stallo e di recessione.

Non è più neppure – direbbero ancora – il tempo dello sviluppo incrementale e infinito alla Edgar Quinet, determinato dalla "morte del ciclo economico", come molti economisti avevano scritto nelle prime fasi della New Economy e della massificazione di Internet.

La strategia come rivoluzione (definita quale evoluzione emiciclica completa rispetto a un punto cardine) risulterebbe interpretabile come mutamento improvviso e profondo che comporta la rottura di un modello precedente e il sorgere di uno nuovo, radicalmente diverso e per sua natura irreversibile – come ha scritto lo storico Jacques Le Goff (antesignano dei consulenti?). Secondo Hamel e altri aspiranti guru, siamo ormai proiettati verso un nuovo mondo da cui non è più possibile tornare indietro, sulla falsariga della Rivoluzione francese (da Maria Antonietta a Carla Bruni... questo sì che è un progresso).

Dunque c'è speranza anche per noi italiani, al tempo non già dell'Impero di Cesare o di Ottaviano, ma della Terza Repubblica dei clown, ex clown e pretendenti vari?

È questa dunque l'interpretazione vincente della "strategia" di sviluppo economico e di ritorno alla crescita e alla redditività a cui ispirarsi nell'era della grande crisi?

È la "strategia" come rivoluzione massiccia e in grande stile, quella che potrebbe fornire utili risposte alle imprese italiane che vogliono risollevarsi in un contesto quasi privo di risorse?

Sulla base dei colloqui che ho avuto recentemente con i protagonisti vincenti del mercato – il 3% che è stato sempre e comunque capace di crescere in redditività (gli imprenditori che le galline le guardano negli occhi ogni mattina) – direi proprio di no.

Sono trascorsi poco più di 10 anni dall'inizio della New Economy, dalla presunta morte del ciclo economico e dall'idea di strategia come rivoluzione introdotta da Hamel. E alcuni dei "campioni" rivoluzionari menzionati all'epoca dal guru (da Enron a Lehman) non sono più tra noi.

Altro che salto quantico! L'obiettivo prioritario delle aziende oggi, specie nella vecchia Europa e soprattutto in Italia, è ben più modestamente quello di sopravvivere. Trovandosi sempre più spesso a combattere guerre di trincea per non indietreggiare oltre l'ultima difendibile linea di confine, hanno abbandonato l'ambizione di crescere per proteggere un'esigua redditività, relativa a un volume di business sempre più ridotto e sempre meno rilevante a livello internazionale.

In Europa abbiamo forse – sociologicamente parlando – perso la speranza in un destino diverso dall'ineluttabile declino che sembra gravare sulla nostra economia e, per via indiretta, sulla nostra civiltà.

Siamo insomma galline dallo sguardo spento, non certo zampettanti tacchini che si pavoneggiano nel ruolo di nuovi sceriffi del pollaio mondiale.

Crescere (all'estero) per sopravvivere

Qualche giorno dopo sono a Zurigo, in perfetto orario per un comitato di progetto che inizia all'una del pomeriggio (da queste parti si pranza a mezzogiorno).

Sono l'unico italiano presente all'incontro – durante il quale finisco col percepire uno strano senso di inadeguatezza da parte mia, ma racconterò l'episodio più oltre, approfondendo certe questioni "linguistiche" – e mi viene da chiedermi: non c'erano forse abbastanza consulenti in Svizzera o nella vicina Germania (dove sanno mettere a posto i conti, e fare le cose con ordine e precisione, più e meglio di noi), da doverne interpellare uno italiano (o di qualsiasi altro paese)?

Be', una prima risposta ovvia è che, se hanno scelto un consulente italiano – e ce ne sono tanti altri come me in giro per il mondo, spesso con brillanti carriere all'attivo sia nell'*advisory* industriale sia in quello finanziario – un motivo razionale ci dovrà pur essere, legato al caso specifico. Tuttavia la risposta che conta è un'altra, ben più rilevante.

Il mercato della consulenza in Italia è in crisi, forse più che altrove? Esportiamolo all'estero, valorizzandone i punti di forza, ovvero tutto ciò che contraddistingue il genio italico. Se la montagna non viene a Maometto, allora Maometto vada alla montagna. Con umiltà e determinazione, per continuare a crescere, anche senza avere risorse infinite a disposizione, o non avendone affatto. In tempi di vacche magre occorre sapersi reinventare, e spremere ben bene le meningi per dare il meglio: tirando fuori la creatività, il carattere, l'energia intellettuale e fisica e – perché no? – anche l'orgoglio di essere arrivato dalla campagna con la valigia di cartone e il fango attaccato alle suole.

E questo ragionamento non riguarda solo la consulenza, ma ogni altro settore. Si può tornare a crescere anche in contesti di mercato in stallo e recessione. Recuperando redditività in termini sostenibili. Sviluppando nuovi business che aumentino il valore dell'azienda per cui lavori. E si può farlo incrementando la produttività non solo attraverso la riduzione dei costi in input, ma massimizzando anche l'output (in termini quantitativi o qualitativi) rinvenibile dai vari processi produttivi e distributivi aziendali.

È dunque possibile tornare a sperare, ritrovando un'ambizione nazionale realmente "strategica"? In grado di disegnare un percorso di sviluppo diverso dalla Grande Depressione americana degli anni '30, o dal "decennio perduto" giapponese di fine millennio? O veramente – come dice Sergio Marchionne – la luce in fondo al tunnel è quella di un treno in corsa (forse di fabbricazione cinese) lanciato a folle velocità e pronto a travolgerci inesorabilmente?

Per fortuna, molte aziende italiane che si sono trovate anche recentemente in forte crisi, se non a un passo dalla bancarotta, hanno dimostrato di poter tornare a crescere, nonostante i numerosi vincoli operativi e finanziari e le scarsissime risorse disponibili.

Facendo belle nozze con pochi fichi secchi.

Abbandonando le lusinghe della "strategia come rivoluzione" di Gary Hamel. Abbracciando piuttosto i sacrifici della strategia come "guerra di guerriglia" da praticarsi ogni giorno, in mezzo al fango, fra l'ultima trincea a difesa dell'interesse nazionale e il campo di battaglia senza frontiere del mercato globale.

Nella guerra di guerriglia l'impresa deve saper combattere con risorse limitate, spesso quasi artigianali, confrontandosi con realtà competitive più potenti e meglio armate; sfruttando ogni capacità nascosta del suo esercito allargato, e i vantaggi offerti dal terreno in cui deciderà di muoversi; preferendo allo scontro frontale l'incursione rapida e l'ancor più veloce ritirata; per moltiplicare i focolai di ristrutturazione e innovazione che, non istantaneamente e neppure linearmente, produrranno alla fine un ritorno alla produttività e alla competitività.

Terminata la riunione, mentre mi dirigo in taxi verso l'aeroporto per l'ultimo volo della settimana, in vista del rientro alla mia casa di campagna in Romagna per il weekend, mi chiedo se, oltre al progresso economico, anche il pensiero manageriale "incrementale" (quello che opera, ad esempio, con tagli lineari dei costi) possa aver raggiunto i suoi limiti, così come il modello della consulenza industriale e finanziaria tradizionale – il "vecchio" mestiere che anch'io per tanti anni ho praticato.

Nel nuovo contesto della strategia come guerra di guerriglia, finalizzata a ristrutturare e a innovare – allo stesso tempo – per realizzare un *turnaround* dell'impresa, dell'imprenditore e forse anche del tessuto macro e microeconomico sottostante, non c'è più spazio per i modelli di analisi meccanicistici e standardizzati, per le slide contestualmente ben strutturate quanto povere di contenuto, per le visioni senza coraggio o eccessivamente romantiche e immaginifiche. Non c'è più spazio per la lucida e spesso assai teorica razionalità del manager – e del consulente – priva tanto della dura esperienza di strada quanto della passione e dell'emozione del fare.

Dopo il decollo, sento l'adrenalina che mi ha tenuto in carica nel corso degli ultimi, intensissimi giorni scemare improvvisamente. Mi rilasso sul sedile, guardando il cielo serale dal finestrino, e lascio vagare la mente, sognando con un intimo senso di conforto l'attività che mi aspetta per quando deciderò di scendere dal treno in corsa del consulente.

Sogno le albicocche che coltiverò, grandi come pesche. E le pesche, grandi come meloni. E i fichi che raccoglierò, per farci la marmellata buona come un tempo mia nonna...

In fondo, il segreto sta tutto qui. Tornare a sognare cose semplici, e provare a metterle in pratica.

Perché anche l'Italia si merita un bel *turnaround*. Per crescere di nuovo, facendo belle nozze con i fichi secchi.

Perché crescere è l'unico modo, nel lungo periodo, per sopravvivere. Per non fare la figura del pollo.

E la fine del tacchino a Natale.

Il consulente strategico:
cosa fa e come lo si diventa facendo carriera, tra gestione del potere e ricerca della verità

Superchef

Fuori è ancora buio, e fa un gran freddo.

Le strade, solitamente molto trafficate per la movida milanese che si sviluppa a partire dal tardo pomeriggio tra corso Garibaldi, largo La Foppa e corso Como, adesso sono quasi deserte. Neanche un'auto parcheggiata sul marciapiede, o in seconda o tripla fila, neppure sembra di stare a Brera: solo il rumore regolare, intervallato dai molti *bip* e dalle luci intermittenti, di un furgoncino degli operatori ecologici del servizio rifiuti del Comune di Milano: raccolgono le molte bottiglie di birra lasciate vuote per strada, facendole fracassare rumorosamente nel contenitore della raccolta differenziata.

Poi a un tratto ci sono voci e grida, un po' incontrollate. Un gruppo di ragazzi e ragazze mezzi ubriachi escono da uno dei club della zona, come chiamano oggi le discoteche di una volta. Per loro la serata è quasi finita; per me invece (la giornata) è appena iniziata.

Sto aspettando che Beatrice, il mio cane – un border collie bianco e nero dalla faccia vispa e simpatica e con una macchia di pelo nero sul naso quasi a forma di neo – termini con la solita efficienza di espletare la sua prima attività del giorno. È particolarmente veloce, specie quando la sveglio alle 4.45, come oggi. Ormai ho efficientato il processo dello *start up* mattutino ai massimi livelli, riducendo i tempi morti.

Alle 5.15 siamo già nei pressi del piccolo prato sotto casa. Per le 5.25 siamo di nuovo nel nostro appartamento, dove lascio il cane, prendo lo zaino, saluto mia moglie (che ancora dorme) e parto per una nuova avventura.

Il taxi passa a prendermi alle 5.30, oggi per Malpensa. Poi il check-in, i controlli di sicurezza e i primi voli della giornata. I "voli dei vampiri" (copyright di un mio cliente) per Londra, Parigi e Francoforte da Linate; o per Zurigo, Istanbul e Amburgo da Malpensa.

Anche oggi, come molti altri giorni all'anno, sarò di ritorno per le 22, giusto in tempo per riportare fuori il cane; il che tuttavia non è male, perché mi permette di dormire a casa, riducendo il numero di notti che trascorro lontano dalla famiglia.

Alla fine della passeggiata mattutina ho notato, nella vetrina di un'edicola, un magazine con la copertina dedicata – a proposito di quel che dicevo sull'ultima ossessione nazionale! – a un famoso chef (alcuni ormai sono vere e proprie star, più popolari di molti politici, forse anche più di calciatori e veline). E in fondo – ci rifletto ora, durante il volo – trovo una certa analogia tra la figura professionale dello chef e quella del consulente.

Al di là dei diversi orari e degli ingredienti tipici di cui ci occupiamo (scalogno *vs business plan*, mantecatura del riso *vs* revisione strategica del modello di business, impiattatura e assaggio finale *vs* presentazione e raccomandazioni strategiche), i nostri percorsi hanno molto in comune.

Abbiamo iniziato con le attività più umili: la sbucciatura delle patate, immagino per il futuro chef, e la spunta di bolle e fatture per me. Per poi progredire poco a poco, lungo i livelli gerarchici delle rispettive organizzazioni (lavorando inizialmente per una semplice trattoria – lui; o per una società di revisione contabile – io), con grandi sacrifici ed energia, passo dopo passo, facendo tutta la gavetta possibile.

Prima impegnati a cucinare ricette (a realizzare analisi) ipotizzate da altri, siamo riusciti a farci promuovere "aiuto chef" (*senior manager*, o partner associato), lavorando per sempre più prestigiosi ristoranti (società di consulenza strategica globali), di cui a un certo punto siamo forse divenuti soci, ovvero azionisti – sia pure con una quota zero virgola zero zero.

Entrambi, a un passo successivo, abbiamo magari tentato l'avventura imprenditoriale, mettendoci in proprio con un nostro "localino" (termine appropriato per la mia precedente boutique di consulenza, poi rivenduta a un network internazionale per l'incontenibile curiosità e volontà di fare cose sempre diverse e di non preparare e mangiare la... solita minestra).

Abbiamo insomma lavorato sodo, prima come dipendenti, poi come manager e poi ancor più come imprenditori. E lavoriamo a ritmi forsennati anche ora che siamo diventati superchef (*manag-*

ing directors, con responsabilità globali), nonostante il titolone sul biglietto da visita, la non più giovane età (45 nel mio caso) e la tentazione (sempre presente, anche per gli ipercinetici come me, per i border collie delle professioni e dei mestieri) di mettersi a sedere per guardar lavorare gli altri...

Frattaglie, valore aggiunto e manico

Superchef o superconsulente non importa, lavoriamo come se ancora fossimo al primo colloquio d'assunzione (al *pressure test* con cui si dilettano anche i programmi di cucina in tv), alla prima presentazione (di un piatto particolarmente difficile ed esoterico) con il cliente, al primo confronto diretto con il più temibile dei concorrenti (dotato di chissà quante stelle Michelin). Perché alla fine, credo, quello a cui realmente aspiriamo è arrivare al livello più elevato delle nostre rispettive professioni: l'ideazione di ricette "firmate", create *ad hoc* per clienti molto esigenti e sofisticati, il cui valore è determinato non tanto dalla somma dei singoli input al processo di "impasto" e "cottura", quanto piuttosto dalla loro combinazione e dall'effetto finale (nonché, almeno in parte, anche dal valore della firma di chi ha definito la ricetta, monitorandone attentamente la realizzazione ai fornelli).

Mi ricordo di qualche anno fa, quando mi ritrovai a cena in un famoso ristorante all'estero in compagnia di alcuni pezzi grossi giapponesi (ai tempi lavoravo per una banca d'affari del Sol Levante). Pur non essendo un gourmet, quella sera tuttavia rimasi parecchio stupito dalla strategia di "creazione di valore" dello chef: un menù fatto di frattaglie (la roba che il macellaio sotto casa mi regalava da bambino per i gatti randagi del condominio, tanto per intenderci), e di altri ingredienti alquanto naturali se non addirittura poveri, ma combinati in una serie di realizzazioni senza dubbio peculiari (e alla fine prezzate quanto il miglior caviale o il più pregiato tartufo disponibili al mondo).

Certo, avere clienti giapponesi che ancora non hanno realizzato bene quale sia il cambio tra lo yen e l'euro, e che accolgono con un "Ooohh" misto di reverenza e stupore qualsiasi cosa venga loro propinata (mi sto riferendo ovviamente alle mie riflessioni a cena come consulente), aiuta parecchio! Ma ci vogliono anche fiuto e palato, per potersi affermare tra i primissimi nelle iperconcorrenziali classifiche della *nouvelle cuisine*. Per poter rifilare le tonsille fritte della pecora al prezzo di un intero gregge. O per poter far apprezzare un banale taglio dei costi amministrativi al livello del più olistico dei *turnarounds* aziendali. Saper ricavare un prodotto finito grandemente ricercato dai clienti più importanti, ovvero una serie di pietanze sofisticate e costosissime, a un passo dalla realizzazione artistica unica e irripetibile caratterizzante quasi una scuola di pensiero e uno stile di vita... tutto questo rappresenta forse la sfida e aspirazione ultima del superchef come del superconsulente.

Saper creare piatti ricchi anche da risorse scarse e poco costose (le frattaglie, ad esempio, sono quasi gratis), ovvero preparare un eccellente pranzo nuziale anche con i proverbiali fichi secchi (opportunamente cucinati e impiattati), costituisce il segreto del successo di un ristorante redditizio.

Analogamente, essere chiamato a dare *second opinions* strategiche, a ideare una nuova importante iniziativa commerciale, a definire un radicale piano di ristrutturazione, o a delineare un piano di cambiamento e discontinuità, direttamente dall'amministratore delegato o dal direttore generale, al di là del brand aziendale della società di consulenza (il ristorante) che rappresenti e per cui lavori: questo è forse il sogno, l'ambizione e il fine ultimo di un superconsulente aziendale che si rispetti. Anzi, *del* superconsulente.

Saper dare valore al cliente attraverso la rigorosa deduzione analitica a un passo dall'iperquantistico, ma anche attraverso l'induzione creativa e al limite del geniale, valorizzando informazioni che erano già sotto gli occhi di tutti; ovvero, preparare un piano strategico o seguire un programma realizzativo che in mille potrebbero ideare, ma che solo tu e la tua società riuscite a concepire in quella maniera così unica da essere preferita alle proposte dei concorrenti... è la chiave del successo di un consulente e di una *consulting company* molto redditizia.

E per arrivare a essere *il* superconsulente, la strada da percorrere non è certamente più facile rispetto a quella del superchef, anche se alla fine la gente neppure ti guarda per strada e i tuoi libri non li compra nessuno, a differenza di quelli dei "cuochi" che stanno sempre in cima alle classifiche.

Per diventare *il* superconsulente, oltre alle prove a eliminazione (nella classica logica *up or out* delle società di *advisory* americane), ai *pressure tests* (in cui devi risolvere problemi molto complicati in pochissimo tempo e in contesti di forte tensione) e alle altre mille difficoltà di natura personale e professionale da affrontare nel corso della carriera, sempre più difficilmente ti trovi oggi ad avere clienti giapponesi in vacanza.

Perché anche il mercato della consulenza, come tutti gli altri ma forse anche di più, diventa di giorno in giorno sempre più difficile e competitivo, con *super consulting companies* e superconsulenti (o aspiranti tali) che si sfidano a livello globale per poter lavorare con le aziende più grandi e importanti e sui progetti più ricchi e prestigiosi.

Nella consulenza, anche una volta arrivati al top è impossibile fermarsi, o adagiarsi sugli allori dei successi raggiunti, salvo correre il rischio di diventare rapidamente desueti e senza valore, come il panettone a febbraio (anche se il sapore in fondo è ancora buono e gli ingredienti sono gli stessi di dicembre).

Nella consulenza occorre sempre reinventarsi, mettendosi in discussione quasi ogni giorno, lottando con i denti con una concorrenza sempre più agguerrita e con clienti sempre più sofisticati. Gestendo, nei limiti delle proprie capacità psicologiche, il demone interiore che determina, nei migliori consulenti globali, quell'insoddisfazione che li porta sempre a rivedere tutto, dalle ipotesi di base alle analisi svolte, alla ricerca di una perfezione che alcuni perseguono come sofisma e che altri chiamano "verità". Sopportando orari di lavoro infernali (specie a inizio carriera), viaggi interminabili e spesso disagiati, agende complicatissime che prevedono meeting quasi paralleli in diverse città e addirittura nazioni o continenti diversi nel corso della stessa settimana o di una giornata appena.

Un talent show che si occupasse della selezione darwiniana nel lavoro lo si dovrebbe realizzare all'interno di una società internazionale di consulenza, dai *case studies* svolti nei colloqui di assunzione alle analisi su Excel realizzate di notte, alle presentazioni finali in PowerPoint con i clienti, tra una pugnalata alle spalle e l'altra sferrata da colleghi, concorrenti e clienti.

Forse in questo modo anche il superconsulente avrebbe l'opportunità (desiderata) di vedere i suoi libri in cima alla classifica, col superamento della mantecatura da parte del *risk management* e dello scalogno da parte del *business planning*. Correrebbe però anche il rischio (indesiderato) di essere riconosciuto per strada da cacciatori di autografi o di foto col vip scattata dal telefonino.

Non sarebbe tuttavia la notorietà – credo per la maggior parte dei miei più stimati e quotati concorrenti e colleghi – il motore sufficiente a mandarci avanti. E neppure i soldi (anche se quelli sono graditi e aiutano). Ma l'eterna ricerca della "ricetta perfetta", del "piatto sublime", del coagulo di sapori, odori e colori in grado di elevare il superchef (il superconsulente), anche se solo per un attimo, al livello dell'artista, che abbandona i confini della grigia realtà e diviene, per qualche istante appena, demiurgo, semidio... o più semplicemente altro da sé.

Forse è per questo, per il desiderio quasi disperato di migliorare ogni giorno e di rimanere superchef attivo ai fornelli ancora per qualche anno, che alle 5.15 di quasi ogni mattina mi ritrovo a portare fuori il cane quando la meglio gioventù se ne esce rintronata dalle discoteche (club). Forse è per questo, per il desiderio appassionato della ricetta unica, per l'egocentrismo e la megalomania che dominano consulenti e chef, che ancora mi attardo a ricercare l'idea brillante, il ragionamento logico al limite del sillogismo, la raccomandazione strategica migliore e capace di cambiare potenzialmente il destino di un'azienda importante.

Forse perché fa parte della sfida con sé stessi, il potersi dimostrare in ogni nuovo progetto migliori che nei precedenti, con la piacevole sensazione di sentirsi apprezzati, non solo dal punto di vista professionale, dal cliente per cui si lavora.

E forse anche perché – come direbbe il nostro superchef – non è solo questione di impiattatura.

Non bastano gli ingredienti DOP e il fondo ben oliato della padella, né la ricetta in qualche modo già pensata e scritta da altri.

Ci vuole anche un bel manico.

La ricerca della verità

Ricordo che in uno dei miei primi colloqui di lavoro mi fu fatta, tra le altre, questa domanda: «Che cosa la spinge a fare il consulente? Quello strategico, non il consulente qualunque».

La mia risposta fu secca e decisa: «La ricerca della verità».

E fui assunto.

Alcune premesse sono a questo punto doverose e forse utili a comprendere che cosa vuol dire veramente essere consulenti, come si arriva a fare gli *advisors* strategici e a fare carriera, spesso avendo l'opportunità di influenzare, più o meno direttamente, il pensiero e le azioni dei top manager più potenti, ovvero delle aziende più grandi e a volte anche di interi paesi.

In prima battuta, per tornare al parallelo culinario, è bene ricordare che al giorno d'oggi "consulente" vuol dire tutto e niente: tanti si autoproclamano tali, spesso proponendosi con ruoli e tariffari assai diversi (il settore, come detto, è ipercompetitivo e non ha bisogno di liberalizzazioni).

Una cosa è andare a mangiare da McDonald's: abbiamo poco tempo, o siamo interessati a spendere poco e a mangiare parecchio (con tutto il rispetto, un hamburger con patatine fritte non è la fiorentina con cannellini all'olio d'oliva che si mangia nel Chiantigiano). Ma se misuriamo il successo con il rapporto calorie/euro, allora il Big Mac è il pasto ideale (altro che il "profumo di prezzemolo" rifilatomi una volta in un ristorante, con un rapporto pari allo zero virgola).

Se "mangia che ti passa" è l'obiettivo, ci sono società di consulenza molto grandi, quasi tutte globali, spesso derivate dallo sviluppo di precedenti attività di revisione contabile, che muovono centinaia di migliaia di consulenti in tutti i paesi del mondo; molti appena laureati, offerti a bassi costi anche grazie a strutture piramidali a forte leva (a un *managing director* sul progetto riportano 2-3 *senior managers*, a cui riportano 4-5 manager, a cui riportano 10-15 associati, a cui riportano 30-40 analisti, eccetera). Insomma la Piramide di Cheope fatta a slide, dove il rischio per il cliente è che il faraone (il *managing director*) lo vedrà alla firma del contratto e (in foto) alla chiusura del progetto, con orde di metalmeccanici del PowerPoint impegnati a "vedere gente e fare cose", con un team che legge, uno che scrive, uno che ne "coordina l'allineamento", un altro che ne sintetizza l'allineamento per aggiornare il vicefaraone, e via dicendo.

Se invece si vuole fare una bella cena fuori, al ristorante in voga (magari solo perché hanno visto andarci il calciatore e la velina), ci sono società di *management* di medie dimensioni (diciamo dai 5mila ai 20mila dipendenti nel mondo) che lavorano a menù (non ricette su misura, ma comunque scelta molto ricca).

Il problema è quando ci capiti a ferragosto, o quando, spinti dall'avidità, questi ristoranti di buon successo cercano alla fine di rifilare al cliente la ricetta *in* anche se *out* (*of stock*). Ovvero se ti vendono la tartare di fassona piemontese riciclandoti parte del "tritatutto" scongelato che dovrebbe invece essere utilizzato per il più classico dei panini da fast food.

Anche se in questo secondo caso non si parla di progettoni da catena fordista con 60-70 consulenti, si finisce per lavorare con due analisti semi-senior (i geometri della presentazione) che passano le notti a fare analisi e slide, con un manager che decide tutto e gestisce il cliente *day-by-day*, e con il *managing director* (il faraone) che si presenta alla vendita del progetto, ai principali comitati di aggiornamento progetto (arrivando puntualmente impreparato e facendo scena muta) e all'emissione della fattura finale.

Insomma un faraone da cerimonia che arriva, benedice – a volte lanciando qualche previsione sui 7 anni di carestia a venire – e raccoglie i dovuti oboli dal popolo. Abbastanza inutile, anche perché il contenuto dei progetti "strategici" venduti è spesso talmente operativo e *low profile* (ad esempio, il ridisegno dei processi di *back office* di un'azienda), che il suo contributo alla realizzazione sarebbe molto basso o tendente al negativo.

In ogni caso, sia le società da "metalmeccanici della slide", sia quelle da "geometri della presentazione" sono molto utili per partire: ottime palestre per fare gavetta con compiti concreti (sbattere un uovo, fare una frittata con le zucchine o uova strapazzate con prosciutto e funghi), prima di finire a "montare l'albume" nelle cucine spesso più intangibili ed effimere della consulenza strategica, in cui è difficile perdersi e dove il confine tra la *vision* e la fuffa, e tra la *great idea* e la *great* c..., è spesso molto, molto sottile.

Proseguendo nell'ascesa dantesca del consulente in carriera, dai più cupi gironi dell'Inferno, attraverso il Purgatorio e in direzione del Paradiso, abbiamo ormai raggiunto il più ambito *inner sanctum* della professione, dove larga parte del gotha dei talenti realmente lavora.

Ci sono infatti società che si occupano quasi esclusivamente di consulenza strategica e di business (spesso focalizzate per settori industriali: servizi finanziari, o telecomunicazioni e media, oppure industria automobilistica; o per aree di competenza: *risk management*, costi ed efficienza operativa, *IT strategy*), e che si concentrano sulla consulenza direzionale, ovvero destinata al *top management* dell'azienda, e su tematiche cruciali.

Il loro prezzo medio per risorsa professionale è molto più elevato, e tendenzialmente sempre meno basato sulle "ore/uomo lavorate" e sempre più sulla qualità del prodotto finito, ovvero dell'*advice* offerto. Inutile dire che quasi tutti i giovani consulenti in carriera aspirano prima o poi a fare parte di una di queste società (e di quelle più note e reputate al mondo), anche perché, parallelamente al prezzo praticato al cliente, i livelli retributivi sono molto più elevati rispetto a quelli di "metalmeccanici" e "geometri".

L'inner sanctum della consulenza

Ovviamente, in questo *mare magnum* di società di pseudoconsulenza strategica trovi un po' di tutto: dalla trattoria caratterizzata dal buon rapporto qualità-prezzo al ristorante 3 stelle Michelin dove puoi a stento permetterti il coperto.

La selezione per entrarvi è molto aspra. Si parte dalle migliori università al mondo e dai laureati con i migliori voti, necessariamente con ottima padronanza dell'inglese e idealmente capaci di parlare più di due lingue. Molti dei candidati hanno anche conseguito un MBA.

Il primo filtro viene effettuato dalle Risorse umane. In media, solo il 5% dei curriculum esaminati viene considerato per un primo test. I test poi variano di società in società. Alcune utilizzano test simili al GMAT per valutare le capacità logico-deduttive del candidato, ma anche la sua risposta a situazioni di forte stress. Ti viene chiesto di rispondere a molte domande in pochissimo tempo, passando dal far di conto (tipo «Qual è la somma di tutti i numeri da 1 a 500?» oppure «Se una clinica opera nasi, e ogni intervento dura 3 ore virgola 14, e ci sono 270 pazienti e 3 sale operatorie, una che però funziona solo 8 ore e le altre 17, in quanto tempo si rifanno tutti la faccia... chirurgo compreso?») al ragionamento logico, consequenziale o addirittura seriale, ma meramente qualitativo (della serie «Picchio sta a passero come trombetta sta a...?» oppure «Pio pio mao mao, quaquaraquà, babbarabbà... babà o quaquà?»).

Altre società utilizzano anche test psicometrici e comportamentali, mirati a evidenziare le capacità del candidato di lavorare in gruppo, di ricercare e gestire il consenso dei colleghi e dei clienti, e di pensare positivo anche nelle situazioni e nei contesti più difficili (ad esempio «Che cosa fai se un bambino piange e stai ascoltando Beethoven?» ovvero «Il grattacielo brucia e sei all'ultimo piano a giocare a poker: come reagisci se il tuo avversario cala l'asso?»).

Alla fine, almeno metà dei candidati non passano il test: o perché lo sbagliano, o perché scivolano nella parte bassa della classifica creata con i punteggi di tutti, per quanto brillanti siano stati.

Se ce l'hai fatta a passare il GMAT (4 ore di test ad alta pressione) e il test psicologico-psicometrico (superando la difficoltà principale, quella di non mandare a quel paese gli statistici, filosofi, psicologi, e i consulenti che li hanno ingaggiati), e anche la prova di perfetta conoscenza dell'inglese (sempre più richiesto dalle società internazionali, ovvero quasi tutte), allora... sei appena all'inizio.

Ti aspettano a quel punto almeno 4 o 5 colloqui per le posizioni junior, fino a 15-20 per quelle senior. Il mio record personale è 22, che ho dovuto affrontare anni fa per lavorare come *managing di-*

rector e *head of something* di una nota banca d'affari, fallita appena un paio d'anni dopo (forse perché si era dimenticata di farne fare almeno uno al proprio CEO). Metà di questi colloqui sono dedicati alla risoluzione di un *business case*: un esercizio di stima numerica "a ragionevolezza" che devi riuscire a sviluppare, in assenza di informazioni e calcolatrici, nel tempo massimo di mezz'ora, arrivando a giustificare in modo credibile le ipotesi adottate e a formulare un risultato finale vicino a quello corretto.

Le domande potrebbero essere: «Quante pompe di benzina ci sono in Italia?» o «Quant'è lunga la rete autostradale?» oppure «Quanto pesa il Duomo di Milano?». Altre sono spesso puramente qualitative: «Se dovessi elaborare il piano strategico del Comune di Vattelapesca, per renderlo più di successo rispetto a Vancouver, che cosa raccomanderesti?» oppure «Se fossi il papa e dovessi implementare un piano di canonizzazione del Lesotho, che tipo di *marketing mix* utilizzeresti e con quale *go-to-market*?».

Tutto questo avviene di fronte all'intervistatore-aguzzino che non fa nulla per metterti a tuo agio, anzi... giusto per testare la tua capacità di incassare ceffoni e sopportare la tensione, fa di tutto per rendersi antipatico. Del tipo: «La vedo nervoso», «Partiamo subito male», «Guardi che il tempo è ormai finito», «Ma è sicuro di quello che sta dicendo?» (frasi pronunciate con aria immancabilmente schifata). Inutile dire che si intuisce più spesso dalla domanda l'intelligenza dell'esaminatore, piuttosto che dalla risposta quella del candidato.

Parte dei colloqui è invece mirata a comprendere il *fit* culturale della persona con la società in questione, la sua reale motivazione e la dedizione (che ci si attende illimitata) alla professione. Del tipo: «Se la chiamassero il sabato sera per farle prendere un volo dopo 3 ore per il Botswana, dove l'aspetta un progetto di 6 mesi in agosto e dove non ci sono telefoni e neanche lavandini, che farebbe?». La risposta giusta qui è facile e intuibile. La difficoltà sta nel rendere credibile la propria convinzione, con il sorriso sulle labbra e gli occhi luccicanti mentre si dice: «Correrei con grande entusiasmo all'aeroporto per questa *biiiiig opportunity*!».

Insomma, la fauna e la flora nel processo di selezione professionale è parecchio variegata. Però è certamente un processo molto competitivo e più trasparente di altri (mai visto spintarelle o raccomandazioni in quasi vent'anni di consulenza). Alla fine, quantomeno in media, solo i migliori ce la fanno – è la sopravvivenza del più forte, darwinianamente parlando.

Non che tutti rispondano di essere nella consulenza per "ricercare la verità" nel senso bonaventuriano del termine (neppure è assicurato che tale risposta possa sempre avere successo; alcuni intervistatori più materialisti potrebbero preferire la più classica "per il successo, i soldi e il potere"). Ma credo che oltre al desiderio di carriera, di successo, di soldi e potere serva anche un attaccamento al valore fondante della professione, appunto l'infinita curiosità di sapere (che si realizza anche attraverso i continui viaggi, la conoscenza di migliaia di persone con cultura, competenze e capacità ben diverse), di comprendere le più sottese relazioni di causa ed effetto che fanno accadere le cose, di risolvere problemi complicati (e più complicati sono, più il vero consulente si diverte).

In altre parole, se il consulente non è proprio un filosofo interessato unicamente alla ricerca della verità di per sé, dovrebbe almeno essere un po' detective à la Hercule Poirot: interessato a comprendere i movimenti e le finalità, gli strumenti (le armi) e le opportunità, per arrivare all'identificazione dell'assassino lavorando molto sulla psicologia delle persone, oltre che analizzando le orme tracciate nel fango, la cenere caduta sul tappeto e le impronte lasciate sulla pistola.

Durante questi colloqui, in sintesi, personalmente io cerco di capire se il candidato è ipermotivato e iperqualificato per risolvere il più complicato e ostico dei problemi che il più sofisticato e rompiscatole dei clienti potrebbe assegnare a una società di consulenza.

Se superi tutto ciò, allora hai una chance di entrare a far parte dei Berretti Verdi della consulenza, pronto a essere paracadutato nella giungla più pericolosa di questo mondo, alle prese con manager del cliente che spesso hanno 20 o 30 anni d'esperienza più di te (e che magari sono stati scartati come advisors strategici all'inizio della carriera, e quindi hanno il dente avvelenato con i consulenti di primo pelo come te, che arrivi fresco fresco dall'università). In contesti organizzativi dove, tra logge massoniche, correnti religiose trasversali, cordate politiche interne ed esterne, devi imparare in fretta a camminare sulle uova, guardandoti sempre le spalle, per sopravvivere e guadagnarti la tua occasione di "fare qualcosa".

Dal punto di vista logistico-geografico, spesso il turnover da affrontare è così intenso che alla mattina ti può capitare di svegliarti impiegando qualche minuto per ricordare in quale hotel di quale città di quale paese ti trovi. O di salutare le hostess di Alitalia, Swissair, Air France o Lufthansa come se fossero tue amiche da anni, rivedendole di continuo sul volo del lunedì per Londra, del martedì per Zurigo, del mercoledì per Parigi e del giovedì per Francoforte.

E di ritrovarti alla fine col portafoglio pieno di euro, dirham (la moneta locale degli Emirati), sterline, dollari e yen... proprio il giorno in cui sei a Zurigo, con l'unico tassista svizzero che non accetta la carta di credito e non parla una parola d'inglese.

Lost in translation

Ho già accennato a un comitato di progetto a cui ho partecipato, a Zurigo, e a un momento di difficoltà da me vissuto in quell'occasione.

Quel giorno eravamo ben in dodici, seduti intorno al tavolo ovale (curiosamente, il tema del meeting era un intervento di snellimento dei processi e dei meccanismi decisionali del cliente...), ma dopo qualche istante è arrivato anche il *senior partner* di un'altra notissima società di consulenza, il quale, per scusarsi dell'orrendo ritardo – addirittura 4 (!) minuti – ha "bussato" due volte sul tavolo (si usa così, da quelle parti, per chiedere scusa e fare umile e contrito atto di pentimento), sotto i severi sguardi di rimprovero degli astanti (anch'io mi sono adeguato, per darmi un tono). E fin qui tutto normale, dato che il concetto di puntualità assume connotati assai diversi oltre frontiera.

Poi la riunione è iniziata ed è proseguita per un paio d'ore, quando ho cominciato a provare un senso di preoccupazione crescente. Che fosse colpa della fonduta che avevo gustato a pranzo, a pochi passi dal lago? O dello shopping che mi attendeva lungo la Bahnhofstrasse (mia moglie a breve compiva gli anni)? O l'essere seduti ora in tredici a quell'importante tavolo?

Il motivo era diverso, e l'ho scoperto alle 15, orario della prevista pausa caffè (una decina di minuti, non di più – in Italia durerebbe fino alle 15.30 almeno, mentre là alle 15.10 ti chiudono la porta in faccia a doppia mandata, se sei ancora in corridoio). Appena fuori dalla sala riunioni, ordinatamente in fila alla macchinetta del caffè, si sono messi tutti a parlare nella lingua del posto, ovvero il tedesco, di cui – mi vergogno a dirlo – non capisco un'acca.

Ho realizzato perciò, in quel momento, che avevano parlato inglese per 2 ore, e lo avrebbero parlato per altre 2, solo a causa mia! Se non fosse stato per la presenza di un italiano ignorante, avrebbero potuto usare tranquillamente la loro lingua...

Qual è l'insegnamento che ho tratto da questo episodio? Che

oggi "internazionale" non vuol dire più solo "parlicchio inglese", ma "conosco gli usi e costumi locali, le *best practices* a livello globale e idealmente le lingue dei paesi più importanti" (inglese, tedesco e cinese *in primis*, poi giapponese, francese e spagnolo, con l'italiano buon ultimo, utile soprattutto se sei a cena con clienti e ti metti a parlare del vino e della buona tavola).

Una dimensione *veramente* internazionale è sempre più decisiva nella consulenza strategica, ormai dominata da poche società globali, quasi tutte di matrice statunitense. Per fare carriera in queste società, oltre alle capacità professionali, alla motivazione e alla dedizione illimitata e alla capacità di generare business convincendo nuovi clienti a pagare profumatamente il prodotto più intangibile di questo mondo (l'intelligenza, il sapere non assoluto ma applicato a un problema specifico, che richiede una risposta puntuale e un'azione efficace), oggi devi dimostrare di essere cosmopolita. Ovvero *truly global*, con la valigetta in mano e il kit di sopravvivenza alla Rambo. Come "cittadino del mondo" devi saper dimostrare di sentirti a tuo agio in qualsiasi situazione non solo professionale ma anche culturale, a dispetto della lingua e degli usi e costumi locali, interagendo e lavorando con persone a volte molto diverse da te.

Ovviamente, alcuni errori sono sempre da mettere in conto, nel processo di "traduzione" linguistica e culturale. Ad esempio, dare la mano a una donna a inizio riunione in un paese islamico potrebbe essere considerato altamente offensivo (un po' come palpare il seno alla segretaria del cliente ad Amburgo, o fare un fischio provocatorio seguito da pacca sonora sul didietro a una manager di Londra). Invece fare il segno delle corna a un americano, specie se viene dal Texas, è quasi un complimento, un attribuirgli capacità manageriali, carattere e virilità.

Anche il minimo errore nella grafia di un nome può avere conseguenze devastanti. Recentemente stavo scrivendo una mail a un cliente tedesco, citando un suo collega che avevo incontrato poco tempo prima, il dottor Wohlschiess. Per fortuna un mio collega tedesco mi ha corretto in tempo l'incipit *I just met that Wohlscheiss collegue of yours*... che in quella lingua sarebbe suonato alquanto imbarazzante (vedere *scheiss* su un dizionario per credere). Se la mail fosse partita, avrei come minimo perso il cliente.

Il business sta divenendo sempre più globale anche in conseguenza della crescente globalizzazione dei clienti che il consulente strategico cerca di servire, in risposta ai loro bisogni. Ma attenzione a non confondere globalizzazione con standardizzazione: il consulente non è nel business di vendere lattine di Coca-Cola fatte esattamente nello stesso modo in qualsiasi posto del mondo in cui qualcuno abbia sete.

Se non sei presente con uffici e personale dedicato nei paesi d'interesse del tuo cliente, non hai alcuna possibilità di servirlo al meglio, e quindi di lavorare per lui, salvo correre il rischio di fare brutte figure vendendo progetti che realizzi male o in fretta, il che nella professione del consulente è come legare un macigno al piede di un *recordman* di apnea in mare aperto.

Ti accelera la discesa fino al punto del record, ma poi non ti permette di tornare più a galla.

Ai più intelligenti le spoglie

Ma torniamo ai duri colloqui di selezione e della vita da Berretto Verde che ai giovani consulenti tocca affrontare per sopravvivere e fare carriera.

Lontani da casa per giorni o anche per intere settimane o forse più, con ritmi di lavoro spesso molto intensi e H24 (cioè facendo le notti), soggetti alle spietate critiche del caporalmaggiore di turno (l'immediato superiore: l'analista senior per l'analista, poi l'associato per quest'ultimo, il manager e il *senior manager*, eccetera, insomma, il prepotente che è inevitabile trovare ovunque, consulenza compresa), i consulenti hanno però un chiaro e allettante *payoff* all'orizzonte: ogni anno incrementi del salario base del 20-30% (medi, ovvero dallo zero al 40-60%) e bonus che possono arrivare a oltre la metà della retribuzione fissa.

In più, ogni 2-3 anni un passaggio gerarchico, nient'affatto scontato, ma sempre giocato nella logica dell'*up or out* (o sei promosso o sei licenziato) e del *mors tua, vita mea* (a ogni passaggio gerarchico le "code", ovvero gli ultimi nella classifica delle performance per ogni annata d'assunzione, vengono scremate e accompagnate gentilmente alla porta). Insomma, l'importante è performare, e farlo meglio degli altri: tutto il resto seguirà.

La meritocrazia è il principio di base che regola una società di consulenza, conferendole stabilità nonostante si tratti, di fatto, di un gruppo di persone che si incontrano raramente in ufficio e che seguono clienti diversi e spesso in posti geograficamente lontani tra loro. Tutti lavorano come schiavi ai remi solo perché credono in qualche modo nella giustizia del sistema: se sei bravo nel *pro-*

blem solving, come tale verrai giudicato; se hai capacità analitiche, ti saranno offerti corsi di formazione all'estero e un ruolo nei progetti più importanti; se sai scrivere e presentare bene, ti verrà data visibilità col cliente. Alla fine riceverai i voti sulla pagella di valutazione che inevitabilmente si stila alla fine di ogni progetto, e ti verrà riconosciuto un *ranking* più elevato rispetto ai tuoi diretti concorrenti interni.

Per la consulenza non esistono "caste" (non ci sono albi o certificazioni professionali o liste a numero chiuso, come per notai, commercialisti, tassisti, farmacisti) che ti proteggano nella difesa della posizione raggiunta: tutti possono fare i consulenti, essendo la reputazione e la credibilità le uniche vere "barriere all'ingresso". Non basta però essere bravi e prendere voti alti; alla fine dell'anno tutti i consulenti saranno riclassificati lungo una distribuzione gaussiana, ed è meglio per te farti trovare dalla parte giusta di varianza rispetto alla media!

La meritocrazia regge non solo il sistema interno della società, determinando almeno in teoria la prevalenza del più forte rispetto agli altri, destinati nel tempo a riciclarsi in qualche azienda per lavori più routinari e meno sfidanti. Ma regge anche il sistema esterno, determinando nel mercato libero e competitivo la prevalenza di una certa società di *advisory* rispetto a un'altra. Specie quando, come adesso, il contesto economico è molto difficile e i problemi delle aziende clienti diventano sempre più confusi e complessi, quasi impossibili da risolvere.

Peraltro i progetti e le relazioni con i clienti non sono sempre rose e fiori. Non tutti finiscono con una presentazione e la stretta di mano complimentosa dal CEO del cliente, o con la prima linea del *top management* che ti applaude in segno di approvazione. Soprattutto quando il contesto interno è *politically charged*, ovvero ci sono fazioni di manager dell'azienda cliente che si stanno facendo la guerra tra loro e tu sei a supporto dell'una, mentre le altre schierano altri consulenti tuoi concorrenti, agguerriti e pronti a sparare ad altezza uomo.

O, peggio ancora, quando sei chiamato a dire la tua con tutti che ti tirano la giacca. Meglio la frittata, ti dice l'amministratore delegato. Meglio l'uovo sodo, ti dice il presidente. E non è che te la possa cavare con un: «Facciamoci una bella omelette e non se ne parli più». L'unica via d'uscita, in queste situazioni veramente delicate, è tenere la barra diritta in direzione della "verità", anche se è la tua, soggettivamente determinata ma sufficientemente invariante da risultare utilizzabile, magari grazie a cambiamenti dello scenario di mercato di riferimento o dei rapporti di forza e delle opinioni dei contendenti.

Non è una soluzione infallibile, sia chiaro. Ricordo perfettamente, durante il consiglio di amministrazione di una grande banca italiana di cui stavo curando il piano industriale, le urla e gli insulti che volavano tra consiglieri di diverse fazioni (politiche, in quel caso, espresse dal territorio e quindi dalle fondazioni azioniste di riferimento). E ricordo anche il mio elegante documento di presentazione, costato a me e al mio team notti e notti di lavoro, utilizzato come cerbottana di carta arrotolata dagli uni (la contrada della frittata) e come aeroplanino dagli altri (la contrada dell'uovo sodo), dopo che avevamo dimostrato con sottili ragionamenti logici e profonde analisi quantitative che l'omelette sarebbe stata la cosa migliore per tutti, soprattutto per i clienti della banca.

Diventare e rimanere un consulente al top

Insomma, diventare consulenti delle società al top non è facile, e neppure lo è sopravvivere da quelle parti, vista la competitività che regna dentro e fuori. Ma ancora più difficile è entrare nel gotha dei superconsulenti e rimanerci dopo aver scalato quattro volte l'Himalaya, ritrovandosi magari seduti sulla cima del Cervino (giusto per evocare un qualcosa di aguzzo e per niente comodo), per giunta ricoperta di scivoloso olio e con franosi crinali tutt'intorno, visto l'andamento dell'economia negli ultimi anni.

A essere sinceri, nonostante la crisi finanziaria iniziata nel 2008 e protrattasi fino ai giorni nostri, nonostante il taglio dei costi perpetrato da ogni azienda locale e multinazionale che si rispetti, nonostante la recessione, il mercato della consulenza continua a crescere. Soprattutto a favore delle società più forti, e a dispetto di alcune minori che invece stanno chiudendo i battenti o sono state assorbite dalle più grandi, trovandosi a corto di clienti e di denaro e, conseguentemente, anche di talenti da utilizzare per i progetti.

Le prime tre società di consulenza strategica mondiale, McKinsey, BCG e Bain, nell'ultimo anno sono cresciute con tassi intorno al 15%. Anche altre di minori dimensioni, ma di elevatissima qualità e fortemente emergenti come quelle per cui ho lavorato negli ultimi 10 anni, hanno continuato a crescere, a tassi anche maggiori rispetto alle precedenti. Molte altre invece non ce l'hanno fatta, per il noto fenomeno della polarizzazione (specie quando i tempi sono duri, nella consulenza o sei il migliore e puoi permetterti di offrire i tuoi servizi a prezzi molto elevati, oppure offri un servizio decente al limite del *body rental* a prezzi stracciati: tutte le soluzioni intermedie tendono a non avere successo).

Quando il gioco si fa duro, nel mondo della consulenza i duri *continuano* a giocare. E tutti gli altri rimangono in panchina, ovvero *on the beach* (non staffati in alcun progetto, ma in ufficio, in attesa di qualche lavoro pagato), fino a quando gli azionisti della società glielo permettono.

Il modello di profittabilità delle società di consulenza parla chiaro. Il fatturato complessivo è ampiamente legato ai giorni/uomo tariffati al cliente per ciascun consulente, con un prezzo medio giornaliero che varia per figura professionale. Si parla di tanti soldi, per le società al top: 8-9mila euro al giorno per un *managing director* e non meno di 3mila per un analista (i prezzi scendono anche del 60-80% per le società di consulenza "un tanto a slide").

Ma poi devi fare i conti con la reale *utilization* delle singole risorse (fatto 100 il tempo lavorativo a disposizione, interamente a libro paga e ricompensato dalla società di consulenza almeno per la componente salariale fissa, quanto di esso è alla fine realmente fatturato al cliente), e con il rischio che il cliente alla fine non ti paghi perché non è contento del lavoro, o è fallito (come capita spesso oggi) nel corso del progetto.

In questa lotta feroce alla conquista del cliente, che non ti è garantita o facilitata da nulla (non serve la licenza per fare il consulente; il brand certo aiuta, così come il network internazionale, ma in teoria qualsiasi bravo professionista, munito di sola Partita Iva, potrebbe competere per il più importante progetto strategico contro McKinsey, BCG o Bain), molteplici sono le armi competitive usate dagli *advisors* strategici più acclamati.

Certo, avere le relazioni giuste aiuta molto, ma spesso queste derivano da anni e anni di lavoro e da migliaia di meeting *on the road* ottenuti con chiamate *out of the blue*, precedute se possibile dall'invio di un qualche report (uno studio su qualche tema d'attualità che noi consulenti facciamo *gratis et amore Dei* per mettere in mostra le nostre meningi). Ovviamente il report che invii a clienti che neppure conosci deve essere sufficientemente *smart* e *eye-catching* (dal titolo alla copertina, al contenuto delle analisi e delle raccomandazioni) da attirare l'attenzione del tuo target, magari un importante CEO di banca tedesca che già ti guarda storto vedendo il tuo nome italiano e che di chiamate e report dai consulenti ne riceve tre a ogni respiro.

Qualsiasi superconsulente che si rispetti deve affrontare un continuo *roadshow*, che fuori faccia un caldo africano o ci sia mezzo metro di neve, *no matter what*.

Se prendiamo una mia recente settimana-tipo, posso contare almeno 20-25 meeting importanti, di cui almeno un quinto con capi azienda, e con un numero di clienti partecipanti (considerando anche i loro sottopancia, o i meeting di gruppo) che arriva a volte anche a 60-70 persone. Il lunedì ero a Francoforte, martedì a Zurigo, mercoledì a Londra e giovedì in volo per Amburgo (con Parigi prevista l'indomani). Il tutto per un totale di 10 voli aerei, circa 30 tragitti in taxi, 4 treni di collegamento (a Londra) dall'aeroporto al centro città, e una decina di chilometri a piedi (di cui almeno la metà passati a scarpinare nei terminal).

A questo vanno poi aggiunti i meeting interni, con i colleghi che lavorano con te sui vari progetti e con gli altri *managing directors* della società, oltre ai colloqui di nuovi candidati, alle chiamate di qualche giornalista, agli altri impegni...

Perciò, organizzare questa mia settimana-tipo richiede precisione svizzera, un gioco a incastro peggio del *Tetris* e una gestione della logistica e della tempistica degli incontri al limite del fanatismo (se perdo un aereo, o tardo a un meeting, o il taxi rimane bloccato nel traffico, allora rischio l'effetto domino, con tutti gli altri impegni che saltano).

Non a caso dietro ogni consulente di successo, oltre a esserci una moglie e una famiglia "comprensive" che ti sostengono sempre e comunque, c'è anche una (almeno una, spesso due) supersegretaria capace di sviluppare al meglio le relazioni con le segretarie dei clienti più importanti (le quali, essendo le segretarie dei boss, si permettono talvolta di essere scortesi, tante sono le chiamate supplicanti che ricevono ogni giorno da altrettante supplicanti segretarie di consulenti), e anche di gestire il gioco a incastro dei meeting e degli spostamenti con un'efficienza maggiore del Deep Blue (il supercomputer di IBM in grado di battere a scacchi qualsiasi supercampionissimo russo).

Per non parlare dei consulenti junior che lavorano in team con me e che, sulla base di una telefonata di mezzo minuto, di un'ermetica mail a *bullet points* che neanche l'oracolo di Delfi e di tre pagine di slide scarabocchiate in taxi devono interpretare, giustificare, arricchire e sviluppare in un nitido e perfetto documento di presentazione finale ogni mia (più o meno brillante) intuizione.

Questo per far capire come sia una banalità dire che la consulenza è un lavoro di squadra: dietro un superconsulente c'è un'équipe tipo NASA, perché nessuno è davvero indipendente nel fare quello che fa, non importa quanto tu sia bravo o quanto tu possa lavorare duro. Per questo motivo, non solo il successo col cliente alla fine va a merito di tutti (segretaria compresa), ma ogni minimo errore lungo la catena del valore può risultare fatale. Altro che *Apollo 13*!

Mi è capitato di essere insultato al telefono dal presidente di una nota fondazione italiana, perché il presidente della sua banca controllata aveva saputo che ero andato a trovarlo (la mia segretaria l'aveva detto a quella di quest'ultimo, giusto per coordinare le agende e ottimizzare la logistica: che male c'è poi a essere trasparenti?).

Mi è capitato di essere deriso da un direttore commerciale, perché in una presentazione di 80 pagine per errore (stanchezza, confusione mentale o banalmente un "copia e incolla" fatto male) un mio analista aveva inserito il nome dell'azienda principale concorrente invece della sua.

Mi è capitato anche di dover difendere (o destaffare) persone del mio team a cui l'avevano giurata alcuni rappresentanti del cliente, e viceversa mi è capitato di dover essere difeso (e a volte pugnalato) da colleghi in merito a commenti e richieste più o meno ragionevoli del cliente (della serie "il cliente ha sempre ragione... basta che paghi").

Dunque avere il team giusto e il "chilometraggio" adeguato risulta fondamentale, ma non ancora sufficiente, per essere un consulente di successo, alla luce della feroce e crescente concorrenza in questo settore. Aiutano le relazioni, si diceva; e aiuta il passaparola. Aiuta parecchio anche avere le idee giuste al momento giusto e la capacità di innovare continuamente, rimanendo sulla frontiera del pensiero strategico e anticipando le soluzioni e le mode che verranno (*proxies*, o "simulacri di verità", come le chiamo io; *management fads*, dicono gli anglosassoni), comprendendo i segnali deboli che arrivano dall'economia, la cui interpretazione è spesso facilitata dal rapporto continuo con una molteplicità di clienti.

Non basta avere una laurea e un MBA, come il sottoscritto. O tenersi in contatto con la migliore accademia (ad esempio insegnando, come il sottoscritto). E neppure leggersi ogni giorno il "Sole 24 Ore", il "Financial Times" e il "Wall Street Journal", oltre ai periodici "The Economist" e "The Banker", tanto per fare qualche nome.

Occorre parlare e ragionare con centinaia di professionisti diversi, spesso in rappresentanza di mercati, settori dell'industria, paesi e culture radicalmente differenti. Soprattutto ascoltandoli, e non sempre e soltanto aggredendoli con un fiume di parole. Riflettendo sull'esperienza di valore che può essere astratta universalmente e condivisa con altre situazioni aziendali, magari riferite a un'altra industria e a un altro paese.

Un giorno, ad esempio, mi trovavo nuovamente ad Amburgo (un posto che non vi consiglierei di considerare per le vostre vacanze al mare, anche se garantisce, attraverso il fiume Elba, l'accesso della Grande Germania al Mare del Nord) e si trattava di discutere delle sinergie derivanti dall'innovazione di prodotto di una banca *corporate* mutuabile dal settore delle auto di lusso in Italia.

La settimana prima invece ero a Londra, a parlare di sinergie d'acquisto possibili tra grandi banche sulla scorta di un'esperienza analoga attuata nelle telecomunicazioni in Francia e Germania. Dopodiché a Zurigo, per discutere dell'esperienza nel *facility and property management* del *real estate* realizzata da una banca di Abu Dhabi.

Occorre insomma sempre rimettersi in discussione, registrando con curiosità e interesse ogni nuova idea capiti di sentire, anche se a prima vista pare una stupidaggine. Mai cadendo nella trappola dell'arroganza (faccio questo lavoro come *managing director* da tanti anni...) o del *not invented here* (siccome non è venuto in mente a me per primo, deve trattarsi di una cavolata).

Bisogna sempre avere fame di nuove idee e nuove soluzioni, buttandosi a pesce sul problema più complesso, per poter dimostrare agli altri e soprattutto a sé stessi che ce l'abbiamo fatta ancora una volta. E che anzi questa volta siamo stati ancora più bravi, più efficienti ed efficaci delle precedenti. Alla faccia dei capelli sulle tempie che stanno imbiancando...

Per essere un consulente al top occorrono dunque una buona dose di megalomania, curiosità e intelligenza analitico-deduttiva, ma anche un pizzico di creatività d'artista e la capacità di raccontare bene le cose, oralmente o in forma scritta. Accendendo di passione il cliente che ti trovi come controparte. Portandolo a innamorarsi delle tue idee. Trasferendogli emozioni su ciò che stai facendo o potresti fare insieme a lui (o a lei, come nel caso della Hathaway di Francoforte). Devi andare ben oltre la mera slide, per quanto eloquente ed elegante sia, ben oltre l'arida valutazione quantitativa, per quanto ricca di dati e analisi possa risultare.

Perché il superconsulente alla fine è una specie di procacciatore olistico di soluzioni, che nella sua interminabile ricerca della verità ha identificato e sviscerato quel poco che c'era veramente da mettere da parte per il cliente; che ha saputo ritagliare in modo assolutamente personale un vestito su misura per quella particolare azienda, comprendendone i bisogni tangibili e intangibili, agendo a volte quasi da psicanalista del *top management*.

Il superconsulente davvero capace di sviluppare il business (avviando nuove relazioni, vendendo nuovi progetti) sa creare sogni. Ma il vero consulente vincente – che sa rimanere al top, oltre che arrivarci – sa anche realizzarli in maniera pragmatica ed efficace, mantenendo e accrescendo la propria relazione e credibilità con i clienti, a volte lungo l'intera carriera, spesso condividendo successi e insuccessi con la ristretta cerchia di quelli divenuti nel tempo *veri* partner di business.

Infatti, così come ci sono consulenti e consulenti, ci sono anche clienti e clienti. Il miglior consulente, a dispetto delle apparenze, è anche quello che sa scegliersi i clienti (essendosi guadagnato la possibilità di farlo), puntando e investendo su di loro, specie quando non sono ancora nessuno, o quando si trovano ad affrontare un momento difficile. Un cliente che sei riuscito a far rialzare e ripartire diventa spesso un cliente per sempre.

Tutti chiamano il cliente il giorno dopo la nuova nomina o promozione. Il consulente migliore è quello che li chiama il giorno dopo un loro licenziamento o una cocente sconfitta. Il consulente migliore gioca sempre per sbaragliare il campo, andando controcorrente e reinventandosi i paradigmi.

Perché il consulente migliore per il cliente è un "consulente per sempre".

Il ritorno del consulente

È già buio, quando atterro alla Malpensa, e fa un gran freddo, come stamattina. Mi incammino velocemente verso l'area arrivi e pochi minuti dopo sono alla fila dei taxi, sotto una pioggia scrosciante. Se tutto va bene, non troverò traffico lungo la strada.

Per le 22.30 sono già a casa e, dopo una rapida cena e qualche momento di relax con la famiglia, verso mezzanotte sono di nuovo fuori con Beatrice per la sua ultima passeggiata della giornata. Intorno a noi, nei pressi di largo La Foppa, è pieno di gente col bicchiere in mano (ha smesso di piovere, nel frattempo). È la meglio gioventù, quella di stamattina, che probabilmente si è appena alzata e si prepara per un'altra nottata da sballo.

Mentre Beatrice fiuta ai margini dell'aiuola che veniamo quasi ogni giorno a visitare, controllo le mail in arrivo (continueranno a farlo per tutta la notte, e questa è la fregatura di lavorare in una multinazionale, con i colleghi europei che ti bersagliano di giorno – anche nelle feste nazionali, vista la distonia tra quelle italiane e le *bank holidays* di Londra, Zurigo, Francoforte e Parigi – e poi gli americani che iniziano verso le 14 e vanno avanti fino a tarda notte, e poi gli asiatici che danno loro il cambio fino a tarda mattina...). Ne ricevo in media un centinaio al giorno, vacanze comprese, senza contare gli sms più urgenti e le telefonate, che cerco di smaltire durante i percorsi in taxi o i viaggi in treno (quando arriverà il wi-fi sugli aerei, con la possibilità di telefonare, sarò fregato, e la mia parallela attività di scrittore terminerà bruscamente!).

Al di là di una ventina di mail di *spam*, tutte le altre sono rilevanti (molte di queste contengono allegati importanti, che cerco di sfogliare velocemente sull'iPad). Tengo a dire con un certo orgoglio che le mail che ricevo sono per me tutte importanti, che provengano da colleghi, da clienti, da studenti o lettori sconosciuti: cerco di rispondere a tutte, nel giro di pochi minuti.

Anche in questo credo ci si possa distinguere come consulenti al top (e come persone educate). Quelli più arroganti rispondono subito alle mail dei clienti, quasi mai a quelle dei fornitori, e a quelle dei colleghi in funzione del grado gerarchico. Io cerco sempre di rispettare la priorità di arrivo, rispondendo prima allo studente che mi chiede della sua tesi di laurea o della modalità del prossimo esame, e poi all'amministratore delegato di una banca mia cliente che magari mi sta dando una risposta circa una proposta di collaborazione. È una questione di *savoir-faire*, e anche di umiltà. È il fatto di ricordarmi di essere arrivato dalla provincia a Milano (che non avevo mai visitato fino ai 24 anni) senza conoscere nessuno, e di aver preso un aereo per la prima volta a 18 anni (buffo, per uno che sarebbe diventato un *frequent flyer*).

È anche una questione di rispetto delle sensibilità e dei valori degli altri. Tutti siamo fornitori di qualcuno, e clienti di altri. Tutti dobbiamo cooperare civilmente per il meglio, in trasparenza e nel rispetto del *fair play*, anche se siamo in concorrenza diretta.

Conosco e sono amico di quasi tutti i migliori superconsulenti delle aziende dirette concorrenti della mia: li rispetto e mi aspetto lo stesso da loro, anche verso i nostri comuni clienti. È una questione di stile, soprattutto.

Mentre Beatrice conclude le sue operazioni, termino di rispondere all'ultima mail arrivata e controllo velocemente l'agenda di domani. Mi attende il comodo volo delle 7.05 per Zurigo (da Malpensa), per una toccata e fuga in Bahnhofstrasse, poi di nuovo il volo di ritorno delle 12.25 per Milano, quindi in treno a Vicenza e Verona e di nuovo Milano, per visitare quattro diverse banche clienti nel corso della giornata e discutere di almeno sette o otto temi differenti: dal piano di efficientamento e di riduzione costi dell'una, alla nuova offerta di intermediazione e consulenza immobiliare dell'altra, allo sviluppo dei servizi di *mobile banking* integrati in filiale di una terza, alla revisione delle opzioni di crescita strategica – organica e inorganica – di una quarta, ma nell'*investment banking* in Europa centrale, giusto per fare le cose semplici.

Mentre risaliamo in casa con l'ascensore, inizio a scrivere un po' di mail alla mia segretaria, che fa un lavoro enorme nel coordinarmi l'agenda con quella di altre centinaia di top manager clienti e nel predispormi tutti i biglietti e coupon elettronici di cui ho bisogno per treni e aerei. In ufficio a Milano ce ne sono tre, per otto *managing directors*, ma io ho la tendenza a espandermi come il gas, in fatto di segretarie, così alla fine una è quasi a tempo pieno a mio supporto, poi ne ho un'altra a Londra e una a Dubai che si occupano della mia agenda quando sono da quelle parti.

Ho con loro un ottimo rapporto, di grande rispetto ma anche di massima informalità reciproca. Anche da questo si misura il consulente che ha stile e credibilità. E poi, se la tua segretaria ti si mette contro, sei finito, morto stecchito. Molto meglio perdere un progetto, o avere un cliente che ti spara pallini di piombo e pece con le tue slide arrotolate...

Non sempre sono all'estero, fortunatamente, qualche volta rientro nel primo pomeriggio per lavorare da casa. O mi prendo intere giornate a BlackBerry spento (si fa per dire) quando devo scrivere una proposta importante o la presentazione finale di un progetto, o – meno banalmente – inventarmi qualche nuova offerta da proporre ai miei clienti (banche e istituzioni finanziarie, soprattutto), che operano dal Medio Oriente all'Europa continentale e anche oltre la Manica e l'Atlantico, nell'Europa dell'Est e in Estremo Oriente. Ma è anche vero che spesso mi trovo a lavorare il sabato e la domenica, e anche durante le feste comandate o le vacanze estive (di solito le utilizzo per qualche nuovo report o *financial thriller* che mi diletto a scrivere per hobby, e che funzionano anche come strumenti di marketing con le banche mie clienti).

In casa, mia moglie è già andata a letto. Cerco di non svegliare la bimba, che dorme beata e che trovo ogni giorno più grande, e inizio a preparare le mie cose nel corridoio: il vestito, la camicia e il mio inseparabile zainetto con pc, iPad e documenti di lavoro. Tutto pronto per domattina, in modo da non svegliare mia moglie tra meno di 5 ore, quando dovrò ripartire di nuovo.

Porterò però prima Beatrice a passeggio nell'aiuola sotto casa. Quando ancora non c'è anima viva per strada, salvo i soliti ubriachi appena usciti dalla discoteca.

Per soldi, successo e potere (ma non solo per quello)

Che cosa spinge il consulente strategico a fare questa vita?

A lottare ogni giorno con la concorrenza, con un mercato sempre più impervio e con le mille peripezie della logistica: dal taxi imbottigliato nel traffico delle città più affollate d'Europa ai treni sempre in ritardo e agli aeroporti sempre più simili a carceri di massima sicurezza (se non per il fatto che è più difficile entrare ai *gates*, che non uscirne, quando sei in ritardo)?

È certamente il fascino della carriera rapida e dei soldi più o meno facili (meno che nell'*investment banking*, ma certamente molto di più rispetto a una normale carriera in azienda). Ed è anche il desiderio di fama e riconoscimento: l'essere apprezzati dai clienti e dai colleghi, diventando una "firma" che ha valore anche a prescindere dal brand della società per cui si lavora.

È anche, e credo soprattutto, il fascino dell'esercizio sottile del potere. Realizzato sottovoce e dietro le quinte, in via indiretta, influenzando il decisore finale, cioè il Principe, l'amministratore delegato che – apparentemente forte e inarrivabile – ha spesso bisogno di consigli di buon senso e dell'esperienza che deriva dal girare il mondo, dal parlare con molti altri che fanno il suo mestiere, magari in altri paesi e industrie, con problemi e preoccupazioni simili alle sue.

Il consulente è alla fine il grande "consigliere", capace di suggerire al Principe l'idea da adottare, la posizione da tenere, l'azione da intraprendere; sostenendolo nei momenti critici, determinandone spesso le decisioni finali, con ricadute pesantissime (positive o negative) sulla sua organizzazione e sulle decine di migliaia di persone che lavorano per lui, e anche per i clienti serviti dalla sua azienda.

Se due o tre consulenti top decidono che il settore immobiliare va male e che andrà sempre peggio, e che è opportuno per le banche loro clienti smettere di erogare credito a quel settore, è probabile che ben presto i loro CEO si convinceranno a farlo. E il mercato immobiliare non andrà male, ma addirittura malissimo, con un certo numero di imprese che falliranno quasi automaticamente, come birilli travolti da una palla da bowling, a seguito del ritiro delle linee di fido e del mancato rinnovo dei finanziamenti. In quella sorta di gioco crudele che è una "profezia autoavverantesi".

Per questo il consulente ha grandi responsabilità, anche se non sono direttamente attribuibili a lui. E più grande è il suo potere, maggiori sono le sue responsabilità – come ci ricorda l'Uomo Ragno.

Per questo il consulente, oltre a essere economista per definizione, e ingegnere quanto basta, dovrebbe anche essere un po' filosofo e umanista: interessato alle questioni aziendali soprattutto in quanto hanno una forte ricaduta sulla felicità delle persone. Ricordo ancora una frase del mio professore di Ermeneutica filosofica quando gli comunicai, superato il suo esame con la lode, che dopo un anno di quella facoltà sarei passato a Economia (neanche sapevo di cosa si trattasse), giusto per non rimanere disoccupato a vita. Il professore, che stimavo molto, mi disse: «Si ricordi di noi quando sarà dall'altra parte, nel mondo degli economisti e degli affari».

Questo ho cercato di fare, per vizio e per virtù, in questi miei 18 anni di professione, anche nell'esercizio del potere di cui, di volta in volta e in diversa misura, mi sono trovato a disporre – senza vergogna, peraltro. Perché il potere non necessariamente è qualcosa di negativo, se impiegato con discrezione, senza eccessivo egoismo e anche a beneficio della squadra (sia essa la tua azienda, il tuo cliente, o anche l'intero paese). Se è informato da un sapere solido e razionale, dall'intelligenza che ricerca connessioni logiche tra cause ed effetti. Soprattutto, se convive con una certa onestà intellettuale, un solido senso dell'etica e un buon grado di umiltà.

Se, insomma, alla fine del tunnel cerca sempre la luce che, come ci ricorda san Bonaventura – me lo ha insegnato quel professore – altro non è che la verità.

La ricerca della verità nel buio del mondo degli affari e dell'economia, per creare valore per il proprio cliente e per il proprio paese, oltre che per sé stessi.

Questo libro è stato da me interamente scritto "tra le nuvole", ospite di diverse compagnie aeree durante i voli compiuti nel corso dell'anno per lavoro, e riveduto nell'agosto 2013 a Bormio.

L'AUTORE

Claudio Scardovi è *managing director* responsabile per la *financial services practice* in Europa e Medio Oriente per AlixPartners, società di consulenza leader a livello mondiale nel *turnaround, transformation* e *performance improvement* aziendale. Sempre come consulente strategico-industriale, è stato *managing director* e *country head* di Oliver Wyman e CEO e fondatore di Intervaluenet; precedentemente, è stato *senior manager* per Andersen Consulting/Accenture e manager per KPMG. Come *investment banker*, è stato *managing director* e responsabile *financial services* per le banche d'affari globali Nomura e Lehman Brothers e, nell'ambito del *private equity*, *operating partner* di Advent International. È stato inoltre fondatore e consigliere di varie altre società di consulenza e di investimento in Italia e vicepresidente di AMI, una *multiutilities* regionale. Da circa 10 anni è professore a contratto per l'Università Bocconi e per SDA Bocconi, dove insegna Sistemi Finanziari e Capital Markets. È inoltre membro dello *strategic advisors group* del World Economic Forum, è stato membro dell'Aspen Institute ed è abituale speaker a varie associazioni di settore e per varie università italiane ed estere. È autore di 12 libri, pubblicati da Mondadori, Edibank, Il Sole 24 Ore e Quondam, e di circa 200 articoli su tematiche strategiche, finanziarie e industriali. Tra i suoi libri, una trilogia di *financial thrillers* (*Lupi & Husky, La sostanza del bianco, Il Formichiere del Diavolo*) e un *genetic thriller* (*Giallo al Tour*), tutti firmati con il *pen name* di John Stitch.